Eu,

minha

irmã

e seu

universo

particular

Eileen Garvin

Eu, minha irmã e seu universo particular

Uma história de amor e autismo

Tradução: Regina Lyra

AGIR

Copyright © 2010 by Eileen Garvin. Publicado originalmente em 2010 por The Experiment, LLC. Esta edição é publicada mediante acordo com The Experiment, LLC.

Direitos de edição da obra em língua portuguesa no Brasil adquiridos pela Agir, selo da Editora Nova Fronteira Participações S.A. Todos os direitos reservados. Nenhuma parte desta obra pode ser apropriada e estocada em sistema de banco de dados ou processo similar, em qualquer forma ou meio, seja eletrônico, de fotocópia, gravação etc., sem a permissão do detentor do copirraite.

Editora Nova Fronteira Participações S.A.
R. Candelária, 60 – 7º andar – Centro, Rio de Janeiro – RJ, 20091-020
Rio de Janeiro – RJ – Brasil
Tel.: (21) 3882-8200 – Fax: (21)3882-8212/8313

CIP-Brasil. Catalogação na publicação
Sindicato Nacional dos Editores de Livros, RJ

G229e
Garvin, Eileen
Eu, minha irmã e seu universo particular: uma história de amor e autismo / Eileen Garvin; tradução Regina Lyra. – 1. ed. – Rio de Janeiro: Agir, 2019.
208 p.

Tradução de: How to be a sister – a love story with a twist of autism
ISBN 978852200660-1

1. Relacionamento interpessoal. I. Lyra, Regina. II. Título.

19-57911
CDD: 813
CDU: 82-31(73)

Para Brendan

Sumário

Prefácio — 9

1. Jantar ao estilo familiar — 11
2. O almoço — 21
3. Que ela coma o bolo — 35
4. Improvisando — 49
5. O que é o autismo — 67
6. A ovelha está entre a mesa e o hambúrguer — 87
7. Amigos e vizinhos — 109
8. A tia que não sabia de nada — 125
9. E agora, Margaret? — 141
10. A vida é uma travessa de espaguete — 165
11. Como ser irmã — 187

Fontes — 201
Agradecimentos — 203

PREFÁCIO

> "Margaret me ajudara a ver as coisas de maneira diferente e a entender exatamente como cada um de nós necessita criar o próprio caminho."

O autismo ou transtorno do espectro autista é uma condição comportamental que atinge mais de 1% da população mundial e possui uma heterogeneidade de sintomas com possibilidades infinitas de características que envolvem prejuízos à linguagem, prejuízos sociais, acadêmicos, cognitivos e emocionais.

O tratamento do autismo envolve múltiplas intervenções clínicas e, sem dúvida nenhuma, o apoio, a orientação e o suporte familiar são fundamentais durante todo o processo terapêutico, pois o nível de estresse emocional para todos os envolvidos pode ser extremo.

O livro *Eu, minha irmã e seu universo particular*, escrito por Eileen Garvin e aclamado pela crítica especializada norte-americana, é uma narrativa pura, verdadeira e emocionante de seu amor incondicional por sua irmã autista.

Eileen Garvin narra com maestria momentos do seu cotidiano com Margaret, sua irmã mais velha, sempre incluída em todos os eventos sociais da família Garvin. Ela descreve de forma leve o dia a dia da família, os momentos prazerosos e engraçados — como quando Margaret enfiou o dedo no bolo de casamento da irmã, as Olimpíadas Especiais de natação — assim como as situações difíceis, os ataques de fúria imprevisíveis, as limitações, os preconceitos e todas as dificuldades que familiares de pessoas no espectro autista enfrentam todos os dias.

A autora mostra que, apesar do grande desafio de tentar entender o funcionamento do cérebro da irmã, o amor e o respeito a esse ser humano maravilhoso é capaz de nos ensinar muito sobre a família e sobre a vida! Em um trecho interessantíssimo a autora afirma: "Tudo que temos são os minutos e as horas que vivemos agora, e precisamos construir a nossa felicidade e a nossa cura com o que carregamos em nossos bolsos."

Os recursos literários utilizados pela autora facilitam a compreensão desse livro que deve ser leitura obrigatória de familiares, profissionais e educadores que trabalham com crianças, adolescentes e adultos com necessidades especiais.

Sem dúvida nenhuma *Eu, minha irmã e seu universo particular* é um livro que deve ser lido por todos aqueles que acreditam no poder transformador do amor e que militam pela causa do autismo no Brasil.

Boa leitura!

Gustavo Teixeira, M.D. M.Ed.

Cofundador e Diretor Executivo do
Child Behavior Institute of Miami — CBI OF MIAMI
Professor do Department of Special Education —
Bridgewater State University
Mestre em Educação Especial —
Framingham State University

1. Jantar ao estilo da família

Deveríamos ensinar as crianças a falar baixo e a se comportar o melhor possível para que essa experiência seja tão prazerosa para os outros clientes do restaurante quanto para a nossa família.

— "Sobre jantar fora", GUIA DE ETIQUETA DE EMILY POST*

Ao longo de toda a vida, tive certeza sobre duas coisas apenas: sou a caçula de cinco irmãos e a irmã mais velha da minha irmã Margaret. Ela nasceu três anos antes de mim, contudo fui sua cuidadora e seu porto seguro, e, pelo que me consta, sempre serei. Em vez de crescer à sombra protetora da minha irmã mais velha, passei a vida toda me esquivando das coisas que ela atirava em mim ou correndo atrás de sua sombra no meio de uma multidão toda vez que minha irmã disparava numa de suas escapadas enlouquecidas.

Margaret e eu não escolhemos essa inversão de papéis. Pode-se dizer que seu autismo nos impôs isso. Desde que me entendo por gente, vira e mexe Margaret, que não podia ser deixada sozinha, era entregue aos meus cuidados. Então coube a mim ser a parte responsável durante as calamidades sociais provocadas por suas inconveniências ao longo da nossa infância: a nudez pública que

---

* Emily Post (1872-1960) foi uma famosa professora norte-americana de etiqueta. *Etiquette* (*Guia de etiqueta de Emily Post*, em tradução livre) foi sua obra mais famosa. (N.E.)

eu lutava para cobrir; a gargalhada estrondosa e cristalina que eu tentava calar quando irrompia em momentos de silêncio; ou, pior ainda, as ocasiões em que a ansiedade e o medo a levavam a gritar incontrolavelmente, algo que eu era incapaz de conter.

A passagem do tempo não ajudou, e aquela sensação de impotência voltou a me acometer na idade adulta. Senti sua garra gélida numa manhã específica de junho, quando eu estava sentada ao volante do carro de mamãe em frente à casa da minha irmã, em Spokane, Washington. Minha mãe tinha me emprestado o carro para que eu levasse Margaret para almoçar. *Almoço. Um encontro para almoçar. Minha irmã e eu vamos almoçar fora. Estou visitando a cidade e vamos comer alguma coisa. Pôr a conversa em dia.* No vocabulário de gente comum, isso soava tão razoável, tão normal. Mas, do meu ponto de vista, esse era um território desconhecido que provavelmente se assemelharia mais uma rebelião do que a um almoço agradável de duas mulheres na casa dos trinta.

Sentada no carro, agarrada ao volante, eu tentava refletir com bom senso. Não sabia o que esperar. Já estava na cidade havia vários dias e só agora iria me encontrar com Margaret. Embora minha visita tivesse como objetivo precisamente isso, eu não fazia ideia de como seria esse encontro e se magoaríamos uma à outra, por isso eu vinha adiando vê-la. Para ser absolutamente franca, eu nem sequer sabia se minha irmã entraria no carro comigo, porque ela do tipo que adora a própria rotina, e aquilo sem dúvida seria uma novidade — me ver surgir à sua porta no carro de mamãe e convidá-la para ir a algum lugar sozinha comigo.

Ao longo dos últimos anos, minhas visitas à família foram ficando cada vez mais curtas e violentas. *Violentas.* Ora, associar essa palavra à convivência familiar não é algo prazeroso, mas é a única capaz de contar a verdade. Quando nos reuníamos na nossa casa de veraneio junto ao lago, minha irmã sempre acabava, em algum momento do fim de semana, fora de controle. Gritava, esmurrava a mesa com os punhos e atirava coisas. Uma pequena inconveniência podia bastar para fazê-la surtar — um CD sumido, uma bugiganga perdida, alguma mudança imperceptível no ambiente. Tentar apaziguá-la em seu pânico sempre me deu a sensação de ir em auxílio de alguém cuja língua me é desconhecida. Ela simplesmente não consegue transmitir em palavras a crise em que se encontra, e eu não tenho meios para decifrar sua necessidade, por mais urgente que seja.

Com o tempo, comecei a desconfiar de que seus surtos não tinham a ver com um objeto perdido. Comecei a achar que ela surtava porque deixara para trás a rotina segura e meticulosa da sua residência coletiva para estar conosco. Via todos nós, que tínhamos passado a maior parte do ano ausentes, de repente no mesmo lugar. Era um ambiente apinhado, barulhento e caótico, o que a irritava e estressava. Essa era a minha teoria.

Fosse qual fosse o motivo, Margaret ficava perturbada, e então meu pai perdia a paciência. E minha mãe nada fazia para detê-lo. E nós nos sentíamos responsáveis, enfurecidos e impotentes. O mundo explodia, e ninguém jamais falava no assunto. Assim, todo aquele sofrimento e aquela tristeza não tinham para onde ir. Eu pegava o avião e voltava para casa, no Novo México, com uma dor de cabeça que persistia por vários dias. Pensava na minha irmã e me perguntava se não seria melhor deixar de vê-la. Pensava no resto da família e me perguntava se conseguiríamos sobreviver a esse círculo de destruição, que já contava décadas.

Enquanto aguardava a chegada de Margaret no carro de mamãe, eu sabia o que poderia acontecer mesmo sem ter ideia do que esperar. As possibilidades corriam soltas em minha mente. Sair para jantar com minha irmã era sempre uma experiência excepcionalmente dinâmica. Para começar, quando éramos crianças, quase não comíamos fora. Meus pais viviam economizando para pagar nossos estudos numa escola católica e depois na universidade, de modo a nos tirar de casa de uma vez. A raridade de nossos jantares em restaurantes também decorria de problemas de saúde mental — a saber, sair com os cinco filhos em público fazia meus pais desejarem morrer ou, ainda mais comum, desejarem nos matar.

E, para dizer o mínimo, preciso admitir que minha irmã não costumava exibir o seu melhor lado em restaurantes. Lugares barulhentos, desconhecidos e cheios a estressavam. Jantar fora era uma experiência que a tirava de sua rotina rígida e confiável e também a privava do pequeno cardápio que lhe era palatável — espaguete, macarrão com queijo e espaguete.

Havia ainda a questão da espera interminável: esperar uma mesa, esperar o cardápio, esperar para pedir os pratos. Depois, ela precisava esperar a comida chegar, esperar que todos terminassem de comer, esperar a conta. Todo esse processo era muitíssimo diferente do jeito de jantar preferido de Margaret, que chamamos de Refeição de Seis Minutos e Meio. Trezentos e noventa segundos é o tempo total que Margaret demora para sentar à mesa, encher e esvaziar o prato, dragar a bebida, levantar, vestir o casaco enquanto ainda engolindo a comida e se dirigir à porta esperando ser levada para casa. "OBRIGADA PELO ESPAGUETE, MÃE!", diz ela, acenando em despedida para o restante de nós, que continuamos na mesa com o garfo no ar.

Jantar sem pressa nunca foi um hábito para Margaret, e, ao longo da infância, a ansiedade que ela sentia em um restaurante era mais que palpável para nós. Gerava um campo de energia nervosa que eletrificava todo mundo enquanto aguardávamos... a catástrofe.

Com Margaret, não só essas ocasiões se tornavam bastante aceleradas, mas também às vezes as diferentes etapas se atropelavam. Minha irmã era capaz de pedir a sobremesa no saguão quando a recepcionista vinha dizer que a nossa mesa estava quase pronta. Ou, depois de insistir várias vezes que queria espaguete, POR FAVOR, ela se recusava a falar com o garçom que finalmente vinha anotar nosso pedido. E também não tolerava o espaço entre o pedido e a chegada da comida.

Não que ela estivesse especialmente faminta enquanto se impacientava, esperando a comida aparecer. Margaret queria apenas ir em frente com o processo. Seu autismo não lhe permitia aproveitar o intervalo, a pausa, as transições invisíveis entre ação e repouso na atividade cotidiana. Logo, se ela não estava Pedindo, pelo amor de Deus, deveria estar Comendo. E, se tinha acabado de Comer, era hora de Ir para Casa. O resultado era que cada momento de uma dessas noites — do instante em que entrávamos na nossa van de doze lugares e afivelávamos os cintos de segurança até estarmos de volta em casa — era carregado de ansiedade para a família toda. Podíamos querer aproveitar tudo — ou qualquer coisa — que acontecesse no meio, mas, para Margaret, a melhor parte do programa era voltar para casa. O resto, na visão de Margaret, não passava de um período de sofrimento que ela precisava suportar. E assim sofríamos todos juntos, como fazem as famílias.

Meus outros irmãos e eu nos fazíamos a mesma e eterna pergunta: "Quando ela vai surtar?" Nunca era "por que" ou "se". Sabíamos por experiência própria que a pergunta era "quando". Por isso comíamos depressa. Ao som de uma cadência muda, porém trovejante: "Será que chegaremos ao fim antes que Margaret atire um garfo e o papai nos obrigue a sair?" Margaret em geral perdia a linha bem no meio do jantar, e quase sempre era minha mãe a responsável por tirá-la da mesa. (Várias vezes pensei que era por isso que minha mãe não engordava como as outras mães; frequentemente ela não terminava o jantar. Sem dúvida, jamais chegou até a sobremesa). Margaret costumava ser retirada do local por atirar comida ou talheres, ou por gritar. E então encenava uma saída teatral, às vezes gargalhando, outras chutando e berrando. Ou, quem sabe, cantando. Às vezes conseguia até chutar e gritar enquanto cantava e ria ao mesmo tempo. Não era tão ruim: se todos no restaurante continuassem a olhar para a porta por onde minha irmã havia sido arrastada, ninguém me via tomando o sorvete que eu não deveria tomar sem ter terminado a comida. E também nunca esperávamos muito pela conta.

Aprendi o que era um jantar normal em restaurantes quando trabalhei como garçonete na adolescência: o processo de entrar, ser conduzido a uma mesa, pedir e comer era acompanhado por uma conversa tranquila e risadas. Observei que essa série de acontecimentos podia levar de uma a duas horas e que as pessoas geralmente pareciam descontraídas ao longo de todas as etapas.

Era uma experiência alegre, uma série de passos agradáveis ligados por transições harmoniosas envolvendo amenidades, açúcar e sal.

Quando crescemos, a tolerância de Margaret quanto a comer em locais públicos melhorou, mas ela continuou previsivelmente imprevisível. E, embora pudéssemos embarcar naquele tipo de amnésia que é fruto do tempo e da distância, esquecendo por um momento como as coisas costumavam ser, jamais levava um minuto completo para que nos lembrássemos exatamente de como as coisas podiam ficar difíceis — como na noite em que meus pais nos levaram a um pequeno café alemão quando já tínhamos mais de vinte anos. Não havia quase nenhum outro restaurante nas redondezas, e prefiro pensar que foi por isso que o lugar acabou fechando, não por causa do que aconteceu enquanto estávamos lá.

Fomos colocados em uma mesa comprida junto a uma parede e nos sentamos, aproveitando o ambiente, conversando e pondo o assunto em dia como uma família normal. Os meninos e eu estávamos na universidade, longe de casa, e Margaret morava numa residência coletiva perto da casa dos meus pais. Conversamos e rimos sem nos darmos conta de que Margaret começava a ferver em fogo brando. Em geral, antes que algo terrível acontecesse, ela nos dava uma dica de que ia explodir com algum pequeno episódio. Ficava irritada e às vezes batia com o pé no chão ou atirava alguma coisa antes de sairmos de casa, apenas para nos mostrar que estava impaciente. Nesse dia, porém, não tivemos essa sorte. Não estávamos preparados quando ela surtou, atirando o guardanapo branco para cima e emitindo um uivo de gelar o sangue, do tipo capaz de estilhaçar um cristal. Durou apenas um segundo, mas pareceu parar o tempo.

Eu estava contando uma história, e o som do grito de Margaret me tirou o fôlego. Senti uma espessa camada de suor cobrir todo o meu corpo — couro cabeludo, rosto, palmas das mãos e até mesmo as solas dos pés. Do outro lado da mesa, os rostos dos meus irmãos pareciam pairar acima da toalha de mesa. Nesse exato momento, uma mulher de meia-idade, muito bem-vestida, teve a imensa falta de sorte de passar pela nossa mesa. Ela segurou o espaldar de uma cadeira com uma das mãos. A outra pousou no coração. Soltou um pequeno grito, e suas pernas se dobraram. O dono do restaurante correu até a cliente e ajudou-a a voltar para a própria mesa.

Então a vida recomeçou. Meus irmãos, meus pais e eu respiramos e rimos, meio histericamente, felizes por não termos sido atropelados por um trem ou fulminados por um holocausto nuclear, embora tivesse sido essa a impressão de todos nós durante um ou dois segundos. Tudo voltou ao que era antes. Minha mãe deu um tapinha na mão da minha irmã e lhe disse que estava tudo bem. Margaret, parecendo trêmula, tomou um grande gole d'água e respondeu: "Muito bem. Isso é *educação*, mãe."

Ninguém soube dizer o que detonara o surto, assim como nenhum de nós soube dizer o que a acalmara. Sabíamos apenas que não sabíamos e que era impossível saber, mas ainda achávamos que *devíamos* saber para podermos impedir que acontecesse. Meu irmão Larry ainda consegue imitar o ruído que ela fez naquela noite e, embora eu implore para que ele não faça isso, vez por outra lá vem a imitação. Então todos rimos e nos encolhemos, mas na verdade eu tenho vontade de chorar ou vomitar. Depois voltamos a rir.

Enquanto crescíamos em Spokane, o relacionamento com Margaret muitas vezes fazia lembrar aquele filme com Bill Murray, *Feitiço do Tempo*, mas sem o final. As mesmas situações aconteciam o tempo todo, e jamais parecíamos chegar a lugar algum. Estas eram as perguntas que eu tanto considerava quando pensava em passar algum tempo com minha irmã: O que ela vai fazer? Como vou me sentir? Como ela vai se sentir? Éramos irmãs porque havíamos nascido dos mesmos pais. Tínhamos uma proximidade genética maior uma com a outra do que em relação a qualquer um, mas o que exatamente significava isso? O que era para mim essa pessoa que na verdade não tinha muito a dizer, que parecia mal tolerar minha presença num instante e no outro me lançava um sorriso encantador? E o que eu era para ela?

O autismo tornara impossível para nós a comunicação a respeito de todos esses assuntos. Nós, humanos, dependemos de histórias para explicar e organizar nossas vidas. A essência de cada história permanece a mesma, embora acrescentemos e retiremos camadas, dependendo da plateia, do clima, do equilíbrio entre alegria e tristeza em determinado dia. As histórias de Margaret permaneciam trancadas em sua mente e em seu coração. Ela tentava se explicar, mas quase nunca achava as palavras, o que a frustrava tanto quanto frustrava as pessoas que a cercavam. Margaret tentara decorar algumas expressões a fim de nos dar alguma satisfação quando fazíamos perguntas, mas em geral ela as dizia aleatoriamente, como se tentasse adivinhar o que queríamos ouvir.

O que eu podia fazer sobre tudo isso?

Essas dúvidas eram bem mais fáceis de encarar quando eu morava a 2.500 quilômetros, no Novo México. A distância entre nós significava que eu não tinha que fazer coisa alguma. Podia simplesmente ruminar acerca de Margaret, seu autismo e todo o pacote — a culpa, a hilaridade, o estresse e a pura perplexidade que jamais diminuíram ao longo de mais de trinta anos. Mas agora eu resolvera me mudar para mais perto de casa. Assim, o que antes era uma viagem de avião com escala logo encurtaria para uma viagem de carro de apenas cinco horas. A mudança acabaria de vez com todas as desculpas fáceis que eu tanto usava sem perceber — desculpas do tipo *Ah, é tão longe*, ou *Não tenho dinheiro para a passagem*, ou *Como eu gostaria de ter mais tempo de folga*. A verdade é que morar tão longe me protegia das demandas da família e daquela pergunta que teimava em me acompanhar desde o nascimento: Afinal, o que exatamente você vai fazer a respeito de Margaret?

Sentada ali, de olho na varanda da casa de Margaret, tentei me dizer que não iria resolver tudo naquela hora. Essa era a ideia do almoço — começar com algo fácil. As pessoas costumam dizer que, se desmembrarmos um problema em partes e lidarmos com uma parte de cada vez, o que parece impossível se torna fácil. Por outro lado, quem repete clichês tende a lembrar aqueles quatro cegos que descrevem um elefante de quatro maneiras diferentes, dependendo do pedaço do elefante que eles tocam. Essa metáfora é preocupante, pois me fazia temer só conseguir montar esse quebra-cabeça da minha família quando fosse tarde demais. E, para mim, um elefante é um elefante independentemente de qual parte for tocada. O elefante na sala da nossa família nunca me parecera maior do que naquele momento, sentada no carro de mamãe.

Mas percebi que não podia continuar vivendo com esse animal imenso e que estava cansada de girar em torno dele. Algo teria de mudar. Eu não sabia ao certo o que fazer, mas era inteligente o bastante para me dar conta da ineficácia do que eu vinha fazendo nos últimos anos. Antes daquela viagem, eu sabia que queria encontrar Margaret, mas que não poderia enfrentar outra reunião de família com a bomba-relógio do autismo da minha irmã prestes a incendiar as páginas da história familiar. Pensei que qualquer coisa seria melhor que isso. Então respirei fundo e liguei para Margaret para perguntar se ela queria sair comigo sozinha para almoçar. Passados alguns segundos de silêncio mutuamente angustiado, ela resmungou que sim e desligou na minha cara.

Com o telefone na mão, ouvindo o sinal de chamada, deixei meus pensamentos lidarem com o campo minado de coisas que poderiam dar errado durante um almoço com Margaret. Refleti bastante. Entreguei-me ao que quer que viesse a acontecer e anotei na agenda: "Apanhar Margaret para almoçar às 11:45 na sexta-feira." Depois, fui até o armário de bebidas e me servi de uma dose reforçada.

Cresci convivendo com as excentricidades da minha irmã, sem me dar conta de verdade de como ela podia ser estranha, porque eu jamais conhecera outra vida. Assim como eu sempre soube pular para evitar choques da geladeira na casa do lago e a tirar o gato da cesta de frutas antes de pôr as bananas dentro dela, eu sempre soube que, na companhia de Margaret, estávamos fadados a ser o centro das atenções em qualquer evento público, e não de forma positiva. Quando Margaret se comportava mal, todos olhavam, e eu sempre achei que estivessem olhando para mim também. Às vezes as expressões eram de curiosidade apenas; outras, de raiva ou medo. Depois de um tempo, passei a achar que olhavam mesmo quando não estavam olhando. Quando ficamos mais velhos e eu a ultrapassei em desenvolvimento, comecei a me sentir responsável pelos olhares.

Na melhor das hipóteses, era confuso aprender as regras da vida e o comportamento social ao lado de alguém que violava todos os mandamentos constantemente. Era como vagar sem um guia pelo deserto da etiqueta. Precisávamos de uma Emily Post do autismo para nos conduzir pelos trechos acidentados, mas, como ela não apareceu, forjamos o nosso próprio caminho. Meus irmãos e eu continuamos a ser, como adultos, um bando autoguiado, ainda descobrindo o caminho à medida que o trilhamos.

Muitas vezes me sinto assim quanto à minha vida: sem mapa, sem guia, martelando os pregos na madeira da ponte que preciso atravessar e juntando as tábuas frágeis e malcuidadas uma a uma. Sempre acho que pareço um tantinho despreparada na vida, como se todo mundo tivesse recebido o memorando ou assistido à aula enquanto eu procurava uma vaga para estacionar ou um banheiro. Pensei nisso ali em frente à casa de Margaret, tentando encontrar coragem suficiente para sair do carro e bater à porta.

Sentada no carro, me obriguei a lembrar que um almoço era uma opção bastante segura. Todo mundo precisa comer, certo? Assim, enviei uma oração ao Universo pedindo que tudo desse certo. Rezei para ter otimismo e delicadeza. Desejei tomar um drinque, mas ainda não era sequer meio-dia. Em vez disso, abri a porta e desci do carro.

2. O almoço

Comer em lanchonetes raramente exige mais que o mínimo de boas maneiras.

— "Comendo fora", GUIA DE ETIQUETA DE EMILY POST

Como uma adulta com autismo grave, minha irmã tinha sua cota de dificuldades. Felizmente, recordei ali parada ao lado do carro, moradia já não era uma delas. Margaret vive num antigo casarão perto da Universidade Gonzaga em Spokane. Meus pais o compraram e reformaram quando ficou claro que os apartamentos caindo aos pedaços em prédios residenciais públicos disponíveis para Margaret não dariam conta do recado. Minha irmã vivia sendo expulsa deles. "Ela faz barulho demais", diziam sempre os proprietários. *Não diga!*, eu pensava. Qualquer pessoa que tenha morado numa dessas construções periclitantes da década de 1970, que parecem feitas de papelão, dirá que dá para ouvir alguém abrindo uma caixa de lenços de papel a três portas de distância. Não é difícil imaginar o que pode acontecer quando sua vizinha pesa oitenta quilos e tem o hábito de se atirar contra a parede e desabar no chão em eventuais períodos de frustração. Faz barulho demais.

Assim, a casa de Margaret se tornou uma moradia coletiva para adultos com deficiências precisamente porque os proprietários, meus pais, jamais expulsariam Margaret dali. Há vários anos, a casa é o lar de Margaret e mais três moradores. Uma equipe de plantão 24 horas cuida para que os quatro vivam do modo mais independente possível. Pintei a casa no verão logo antes da mudança de Margaret e eu amo aquela casa. É do tipo que todos deveriam ter — uma varanda enorme e um belo quintal, além de muitas janelas para deixar o sol entrar. As calçadas vizinhas são arrematadas por meio-fios arredondados, e as ruas — largas o bastante para permitir a passagem de um desfile — são margeadas por belas árvores antigas.

De onde eu estava agora, de pé na calçada, dava para ver grupos de universitários se dirigindo para o campus em suas bermudas cáqui e carregando mochilas. No caminho até ali, eu passara por uma horda de crianças pequenas ciceroneadas por mulheres de meia-idade. Suas vozinhas tagarelas e o arco-íris de cores das suas camisetas brilhantes como as flores de verão permeavam o ar. Fiquei feliz de ver como era acolhedora a vizinhança de Margaret, sobretudo quando me lembrei de que, no início, alguns dos vizinhos nas outras casas bonitas e espaçosas não haviam ficado muito empolgados com a ideia de abrigar em seu meio uma moradia coletiva.

Olhei para a porta de entrada de Margaret, ciente da minha pontualidade. Pontualidade é uma doença de família. Somos aqueles que chegam oito minutos e meio mais cedo quando o restante dos americanos está atrasado quinze minutos. Eu também estava ciente de que Margaret já devia estar me esperando impacientemente havia horas, talvez por conta da empolgação de me ver, mas sobretudo apenas por estar ansiosa. Somos, de fato, pessoas ansiosas; gostamos de seguir o programa, ir em frente com o espetáculo. O transtorno de Margaret parece amplificar essa característica. De onde eu estava, podia vê-la parada diante da janelona na sala, me observando. Ainda assim, ela me deixou caminhar até a entrada em vez de sair correndo para a porta tentando, ao mesmo tempo, vestir o casaco. Deixou que eu subisse a escada e batesse à porta como uma pessoa normal, o que foi divertido para mim.

Normalmente, ela dispararia porta afora quando visse o carro surgir lá no início da rua e eu perderia a chance de passar por todo o ritual normal — caminhar até a casa, bater à porta, passar pelos cumprimentos, pelas formalidades e amenidades da chegada e da partida. Mesmo agora, já adulta, adoro as diferentes fases das ocasiões que não vivenciei na juventude, as transições quase invisíveis em situações sociais. Chego a adorar os momentos constrangedores em que ninguém sabe o que fazer em seguida. Vivi tantos anos sob o rolo compressor do autismo que essas guinadas e freadas ainda me parecem um bocado atraentes. Esse período da idade adulta se seguiu a uma infância durante a qual cumprimentos e despedidas significavam correr atrás da minha mãe, que corria atrás da minha irmã, que corria no meio de uma multidão em alguma festa da igreja ou da escola, e eu acenava um oi ou tchau para pessoas que arregalavam os olhos para nós quando passávamos esbaforidas.

Quando bati, Margaret escancarou a porta.

— Oi, Eileen! — saudou, acenando a apenas um metro de distância e segurando a porta aberta, igual ao que ocorreria com pessoas normais.

Sem convite, porque Margaret nem sonharia em convidar alguém para entrar, me adiantei para abraçá-la. *Esta aqui em meus braços é Margaret, a verdadeira Margaret.* Ela me permitiu um rápido abraço e depois foi pegar suas coisas. Me virei para cumprimentar o membro da equipe que viera até a porta. Dois dos residentes surgiram no hall para ver quem chegara, e eu os cumprimentei também.

Sarah é a enxerida da casa. Meus pais me contaram que ela faz questão de rastrear as idas e vindas, bem como as menores tragédias e vitórias, de Margaret, Ken, Gerald e dos funcionários. É praticamente impossível guardar um segredo quando Sarah está por perto, tamanha sua eficiência na coleta de informações.

— Aonde vocês vão? — indagou, e comecei a entender de onde vinha sua reputação.

Respondi que íamos almoçar. Em troca dessa informação, ela me ofereceu outra, do seu próprio estoque: Margaret havia visitado meus pais alguns dias antes. Depois, minha mãe a trouxera de volta. E suas botas estavam no closet. Tudo isso foi contado rapidamente e arrematado com um decidido assentimento de cabeça.

Ken nada disse. Apenas me estendeu a mão timidamente quando lhe perguntei como estava e fez uma careta na tentativa de sorrir.

Durante essa troca de amenidades, Margaret parecia um furacão. Pegou a mochila que estava na mesa ao lado da porta, passou as alças em volta da cintura e afivelou-a. Correu, então, até Sarah, que baixou a cabeça de modo que Margaret pudesse cheirar seu cabelo, um velho hábito da minha irmã. Margaret deu uma profunda fungada e gritou "Tchau, Sarah!", antes de sair porta afora e descer as escadas de madeira do casarão azul, ignorando todos os demais. Eu me esquecera de como ela anda rápido e tive dificuldade para alcançá-la no caminho até o carro, depois de dar um tchau para todos por cima do ombro. Nada de transições. Nada de cumprimentos e despedidas quando se está correndo.

Margaret estava de pé me aguardando ao lado do carro, as mãos entrelaçadas e pousadas sobre a barriga volumosa e o olhar voltado para os pés. Avaliei sua figura enquanto me aproximava, pensando que, de tênis, jeans e moletom, minha irmã mais velha se parecia com qualquer mulher de trinta de poucos anos num dia de folga. O cabelo curto era bonito, avermelhado à luz do sol. Vislumbrei alguns fios grisalhos, mas ao menos não dava a impressão de ter sido recentemente cortado por ela mesma, uma de suas velhas gracinhas favoritas.

Quando éramos mais novas, se conseguisse uma tesoura, Margaret saía pela casa à procura da minha mãe. Ela pegava uma mecha grossa de cabelo e dizia com a maior doçura: "Olha, mãe!" Quando minha mãe desviava o olhar do que quer que estivesse fazendo, Margaret chilreava: "Você não corta o seu cabelo, mãe!" Clip! Minha mãe então gritava, tarde demais: "Margaret! Não corte o cabelo!" E minha irmã ria e ria e saía correndo com seu novo corte maluco.

Eu não sabia com que frequência ela andava cortando o próprio cabelo ultimamente. Mas ainda era bastante difícil encontrar uma tesoura na casa dos meus pais. Na última vez em que passei o Natal lá, precisei dobrar, lamber e rasgar o papel de embrulho para enrolar meus presentes, porque a tesoura estava tão bem escondida que ninguém foi capaz de encontrá-la. Esse é só um exemplo de como tentávamos prever o comportamento de Margaret, e não apenas fracassávamos, como também dificultávamos as coisas para todo mundo. Mais ainda, Margaret provavelmente sabia onde estava a tesoura e poderia ter me poupado tempo e saliva se eu tivesse lhe pedido para pegá-la.

Minha família passara a vida tentando adivinhar coletivamente o que Margaret poderia fazer e como lidar com isso. Mas ela era mutável como uma tempestade de verão — e surpreendente e assustadora na mesma medida. Cortes esdrúxulos eram apenas a ponta do iceberg e nem tinham tanta importância assim. O problema mais relevante e acachapante era a nossa incapacidade de nos conectarmos com ela, de saber com certeza se estávamos alcançando a pessoa Margaret por trás do transtorno que é o autismo e o que, afinal, se esperava que fizéssemos a respeito. Às vezes tínhamos que nos satisfazer com pequenas conquistas, como o corte de cabelo. O fato de ela tê-lo deixado de lado foi para mim um sinal de bem-estar interior. Além disso, o corte atual estava realmente bonito, o que me deixou feliz. Sempre desejei que minha irmã pudesse levar uma vida normal, na medida do possível. E, se ela se parecer com todo mundo, a integração fica mais fácil.

Margaret esfregava o queixo enquanto esperava que eu atravessasse o gramado e destrancasse o carro. Não me olhou quando escancarou a porta, pulou no assento e a fechou com tamanha força que o carro balançou. Eu me esquecera desse comportamento e levei um susto. Não sei qual o problema de Margaret com portas, mas "fechar" para ela sempre significa o uso dessa quantidade de força — nem mais, nem menos. Quando o carro parou de balançar, entrei. Ela estendeu a mão para o cinto de segurança e o puxou para si. Esperou que eu virasse a chave na ignição e então se inclinou, soltando o freio de mão e engatando a mudança para mim.

— Obrigada — agradeci, surpresa. Mas ela nada disse, só ficou ali admirando a paisagem enquanto eu dirigia até a lanchonete do bairro.

Era um percurso curto, e nenhuma de nós falou coisa alguma no caminho. Assim que estacionei, Margaret baixou a mão, puxou o freio de mão, desligou o carro e jogou a chave para mim. Em seguida, tirou o cinto de segurança e pulou do carro num único movimento, batendo a porta com a mesma força de antes. Ela rumou a passos largos para o restaurante, e eu ri em voz alta enquanto me apressava a segui-la. Isso era novidade. Serviço de manobrista.

O Arnie's provavelmente ficava cheio de estudantes da Universidade Gonzaga durante o ano letivo, mas naquele dia de verão não havia ninguém no restaurante ao estilo anos 1950, salvo nós e as funcionárias — duas jovens usando camisetas justas e jeans apertados. Pelo que pude perceber, uma delas, a cozinheira, estava com uma baita ressaca. Fiquei um tanto preocupada de pedir o almoço que seria preparado por alguém que não parava de largar seu posto para se deitar no sofá de uma mesa e gemer. Mas tentei ser corajosa, e nos sentamos nas banquetas do balcão para estudar o cardápio.

Sentada no tamborete de vinil vermelho, me senti meio convencida. *Aqui estamos. Duas irmãs almoçando. Que legal. Normalíssimo. O que há de tão difícil nisso?* Na verdade, durante a semana toda aquele almoço me deixara apavorada. Mas quando sentamos nossos traseiros nas banquetas vermelho-vivo, eu me senti cautelosamente otimista e meio eufórica com o sucesso de ter chegado ao restaurante sem qualquer percalço. A rotina de Margaret havia sido interrompida, e ela estava bem e parecia feliz com a minha companhia. O fato de essa sensação ter vida curta não a tornava menos agradável.

Margaret rapidamente pediu e tomou duas cocas. Tentei falar de amenidades — do tipo que qualquer pessoa fala quando sai para almoçar com a irmã. Me pareceu o normal a fazer, mas, por outro lado, eu tinha ficado tanto tempo longe de casa que minha tendência era ficar confusa quanto ao que é "normal". Comecei perguntando o que ela vinha fazendo ultimamente. Eu sabia que ela estava treinando para nadar nas Olimpíadas Especiais do Estado de Washington, o que significava passar um bocado de tempo na piscina com seu time e o treinador. Embora adore nadar, Margaret não gosta de falar sobre natação. Ela não gosta muito de falar, ponto. E, quando não está a fim de falar, reage como alguém com venda e algemas, nua em uma cadeira sob a luz forte da lâmpada de uma sala de interrogatório. Claro que tentei conversar com ela mesmo assim.

— Você teve treino de natação essa semana?
Silêncio.
— Marge, você teve treino de natação essa semana?
— Sim! — rosnou ela, sem olhar para mim.
— Quem mais estava lá?
Silêncio.
— Marge, quem mais estava no treino de natação?
— Sim! Você estava no treino de natação!

Ela confunde os pronomes, o que não é raro para um autista. Com frequência ela diz "você" quando quer dizer "eu", mas em geral entendo o que ela está falando. Dessa vez não houve ambiguidade. O que ela queria dizer era: "Cale essa boca e me deixe tomar a minha coca-cola, droga!" Mas continuei tentando, como uma idiota.

— Gostei do corte do seu cabelo, Marge — elogiei. — Quem cortou? Foi a Sherry?

Minha mãe, minha avó e Margaret cortam o cabelo com a Sherry há pelo menos 25 anos, e Margaret adora a Sherry, mas ela não caiu nessa. Em vez disso, empurrou a banqueta para a direita, para longe de mim, como se dissesse: "Se eu não ouvir você, talvez você desapareça." Finalmente, entendi a dica e me calei. Não queria irritá-la, porque ela podia tentar ir embora. De verdade. Naquele momento eu não me surpreenderia se a visse levantar e correr para a porta como quem diz "Já enchi meu saco dessa baboseira!". Eu não queria que ela tivesse vontade de ir embora. Também não me agradava a hipótese de Margaret defender seu direito ao silêncio atirando longe o porta-guardanapo de alumínio, o vidro de ketchup ou meu copo d'água. Examinei o balcão, imaginando as possibilidades.

O que estou fazendo, afinal?, perguntei a mim mesma. *A quem se destina essa conversa?* Obviamente, Margaret não queria falar, e eu não ia extrair informação alguma dela. Era nítido que da minha parte ela não queria informação alguma. Talvez eu estivesse tentando nos fazer parecer normais para as funcionárias de ressaca.

Por mais idiota que soe essa explicação, ela provavelmente é verdadeira. Passei a primeira metade da minha vida dolorosamente consciente do que os outros achavam de nós e querendo parecer mais normal. E lá estava eu fazendo isso de novo, pensando que devíamos parecer estranhas, que duas mulheres adultas na faixa dos trinta anos em geral não se sentam lado a lado em completo silêncio em um restaurante. A menos que estejam brigando. Ou com uma baita ressaca. Mas eu também andara pensando bastante em desistir do "em geral" e do "normal". Por isso me calei e fiquei ali sentada tomando minha coca-cola.

Empoleirada em seu tamborete, Margaret me pareceu feliz e tranquila quando parei de falar com ela. Espalmou a mão direita no balcão. Pressionou os cinco dedos na fórmica, depois tirou um e ficou pressionando quatro, depois três, depois dois. Então tirou o dedão e deixou apenas o indicador. Em seguida, foi acrescentando os outros: um, dois, três, quatro, cinco. E riu sozinha quando repetiu a operação.

A chapa quente estalou com a gordura fervente. A cesta de fritura borbulhou, a cozinheira gemeu, a máquina de refrigerante encheu o terceiro copo de coca-cola de Margaret. Uma música extravagante vinha de pequenos alto-falantes instalados em toda a sala. O ventilador zumbia no teto.

— Oi, Eileen — disse Margaret, animada, passado um tempo, como se não estivéssemos ali sentadas em silêncio há dez minutos.

— Oi, Marge — respondi calmamente, como se não tivesse viajado 2.500 quilômetros para levá-la para almoçar.

— Oi — disse ela.

— Oi, Marge — respondi.

Mais um minuto de silêncio.

— Esse é Bobby Darrin — comentou Margaret.

Com efeito, quando prestei atenção, os tons melosos de Bobby Darrin me alcançaram vindos do alto-falante no canto da sala. Uma única pasta em meio a milhares existentes no arquivo mental de músicos e de letras da minha irmã, que abrange décadas. Lembrei de quando ela era a DJ da nossa casa, ouvindo discos dia e noite, construindo a trilha sonora da nossa infância. Bobby Darrin era um de seus favoritos, assim como as canções de *Jesus Christ Superstar*, os Arthur Fiedler's Boston Pops e a Electric Light Orchestra. Nós ouvíamos "Hold on Tight to Your Dreams" na cola de "What's the Buzz" ou "I'm Coming to Get You in a Taxi, Honey".

— Tem razão, Marge. É Bobby Darrin.
— É Bobby Darrin, Eileen.
— Isso. É Bobby Darrin, Marge.

Ouvimos juntas.

"Oh, Louie Miller, he disappeared, babe! After drawin' out all his hard-earned cash. And now MacHeath spends just like a sailor. Could it be our boy's done something rash?"

— Bobby Darin — sussurrou Margaret baixinho, com um risinho — Oi, você aí! — disse ela de repente, e sorriu para mim. Diretamente. Sem olhar para os lados, antes de voltar a focar o balcão, como antes. Seus lindos olhos cor de mel me encararam sem vacilar. Ela sorriu, como se me desse boas-vindas. — Oi, Eileen! — falou, como se eu tivesse acabado de chegar, como se eu tivesse acabado de estacionar diante da sua casa depois de séculos sem estar com ela. — Oi, Eileen!

Como se fosse a manhã de Natal.

Não respondi, só senti vontade de chorar. Apenas sorri de volta. Cantarolei algumas estrofes de "Mack the Knife". Ainda sorrindo, Margaret voltou a brincar de pressionar os dedos no balcão, agora alternando as mãos.

— Quer outra coca-cola?

A pergunta veio da garçonete atrás do balcão, a que não estava estirada no canto. Devia ter uns vinte anos. O cabelo castanho e comprido preso num rabo de cavalo deixava à mostra os olhos bem separados e o rosto bonito. Parecia durona, indiferente demais para ser simpática. Mas me dei conta de que, ao fazer a pergunta, ela não se dirigira a mim. Estava olhando para minha irmã. Perguntando a Margaret. Por ter feito isso, eu me apaixonei por ela, uma total desconhecida.

Quase sempre, assim que captam a vibração esquisita de Margaret, as pessoas começam a endereçar suas perguntas a qualquer um que esteja com ela. "Ela quer batata frita?", me perguntam, meio nervosas, olhando de soslaio para minha irmã, como se perguntassem "Ela morde?". Não é por mal. Garçonetes ficam desconcertadas quando entregam o cardápio a alguém e ouvem gritos de "Não!" de um cliente que o atira de volta para elas.

Nossa garçonete era mais esperta que a maioria. Quando isso acontecera mais cedo, ela tinha simplesmente dado um passo atrás e depois levado embora o cardápio ofensivo sem fazer comentários, deixando que usássemos o meu para fazer o pedido. Mas lá estava ela de novo, tentando tratar minha irmã como uma pessoa normal.

— Você quer outra coca-cola? — repetiu, e aguardou. Passado um segundo, Margaret ergueu os olhos do balcão e disse:

— Sim!

Usou pela última vez o canudo para esvaziar o copo e o empurrou na direção da moça.

— Obrigada — agradeci, enquanto a moça empurrou o copo de volta. — Como é que se diz, Marge?

— Obrigada! — exclamou minha irmã, tirando o copo ainda gelado da mão da jovem e pousando-o com força à sua frente. Tomou, então, um ruidoso gole pelo canudo.

A jovem olhou discretamente para mim, e os cantos de sua boca se ergueram numa espécie de sorriso. *Talvez ela entenda que é assim que Margaret funciona*, pensei. Margaret empurra, puxa, salta, corre e se atira em cadeiras e assentos de automóveis. Não é nada pessoal. Ela tenta desacelerar se chamamos sua atenção, mas as meras tentativas de acompanhar o ritmo de outra pessoa a deixam nervosa.

Ficamos em absoluto silêncio até a chegada da comida. Ergui os olhos um pouco ansiosa. A jovem garçonete sorriu para mim quando pôs o meu prato sobre o balcão. Então tentou fazer o mesmo com o de Margaret. Minha irmã se apavorou.

— Não! — gritou ela, empurrando com força o prato. — Não! — O prato, grande, estava cheio de comida, e, por ser pesado, a garçonete tentava a todo custo pousá-lo no balcão. Mas Margaret ficou na defensiva, e o tom da sua voz aumentou. — Nãããão! — Novamente empurrou o prato com força. Dessa vez, a garçonete quase o deixou cair. Estendi a mão e agarrei o prato, colocando-o ao meu lado.

— Peguei — falei.

A jovem ficou ali parada um segundo nos encarando, como se tentasse descobrir o que fizera de errado. Baixou os olhos para o prato fumegante, onde havia um lauto sanduíche de frango e batatas fritas, tentando adivinhar a fonte do horror da minha irmã. Também fiquei confusa.

— Você não quer o sanduíche? — perguntei a Margaret.

— NãoobrigadaEileen! — respondeu ela num só fôlego, encarando o balcão. Parecia em pânico.

— Mais tarde, talvez — falei para a garçonete, deixando claro que a culpa não era dela.

A moça deu um sorriso. Em seguida, porém, Margaret deu mais um empurrão no prato.

— NÃO!

O sorriso da moça sumiu, e ela se afastou de nós. Passei o prato para a minha esquerda, fora do alcance de Margaret, me sentindo deprimida. Nem pensar em falar de amenidades. Se não conseguíamos sequer almoçar juntas como gente normal, o que me restava fazer com ela, afinal? Como esperar que eu participasse da vida dela? Talvez eu devesse simplesmente esquecer esse experimento e manter distância. Margaret deu uma olhada ameaçadora para o prato ao meu lado.

Por quê? Por quê? Eu não sabia. Pior, ela não podia me dizer. Seria razoável supor que, quando se pede uma comida num restaurante, a comida provavelmente surgirá à sua frente. Também parece razoável que, tendo pedido a comida, a pessoa deixe implícito que vai consumi-la. Mas minha capacidade de raciocínio em geral saía pela culatra quando eu tentava descobrir qual era a vontade ou a necessidade de Margaret. Seria possível até afirmar que, na maior parte do tempo, eu não entendia o que se passava na cabeça dela e meu coração se partia um pouco mais toda vez que eu falhava. Ou talvez eu deva dizer que meu coração continuava partido porque já estava assim há um bom tempo. Esse é o abismo entre nós, uma enorme e ostensiva desconexão que nem eu nem ela conseguimos sanar. Mas, mesmo sendo péssimo, também era familiar, o que me dava um certo conforto.

Foi assim que me senti no nosso passeio de bicicleta no ano anterior, durante as férias de primavera da pós-graduação. Achei que seria algo seguro, algo que poderíamos fazer juntas e que ela adoraria. A oitocentos metros da casa, Margaret parara a bicicleta e ficara sentada nela, aos prantos. Chorava e chorava sem fazer ruído, o que, sei lá por quê, me dava mais raiva do que sua gritaria. De vez em quando, ela levantava a camiseta e enxugava as lágrimas do rosto. Fiquei ali parada, me sentindo impotente, a tristeza da minha irmã pesando em meu peito enquanto eu observava seu sofrimento silencioso e terrível. Sabia que não podia ajudar, mas tentei mesmo assim, me sentindo inútil, como de hábito.

— Qual é o problema, Margaret? — perguntei.
— Você está chorando!
— Por que você está chorando?
— Você está triste — disse ela, tentando me dar uma resposta.
— Por que você está triste?
— Oi, Eileen! — falou Margaret, sorrindo entre as lágrimas.
— Você quer voltar para casa? — indaguei.
— Não!
— Quer dar uma volta de bicicleta?
Silêncio.
É essa a sensação de ser incapaz de consolar a família, gente tão próxima geneticamente. Parece certo que temos a capacidade de nos conectarmos no nível mais básico. Mas nada que eu fizesse parecia adiantar em momentos como esse.

Então ficamos ali sentadas um tempo, com o vento no rosto. Começou a garoar, mas continuamos ali, com as mãos no guidão e os pés na calçada, na faixa de pedestres que margeava o Rio Spokane. Algum tempo depois, Margaret respirou fundo, soltou o ar, enxugou os olhos na manga da camiseta e saiu pedalando sem dizer coisa alguma. Mais tarde, quando voltamos para casa e um dos funcionários perguntou se tínhamos nos divertido, a resposta de Margaret foi inequívoca:

— Sim!

Assim, enquanto continuávamos sentadas em nossas banquetas, eu não soube o que dizer, como de hábito. Mas estava aprendendo o que fazer. Aguardar. Ficar calada. Aguardar um pouco mais. Manter silêncio por generosidade. Eu não podia consertar minha irmã. Por mais que quisesse, eu geralmente não a fazia sentir-se melhor. Mas podia ficar sentada ali com ela em seu sofrimento, em silêncio, na luta para permitir minha invasão a sua rotina e assim poder ser uma parte da sua vida, enquanto o sanduíche de frango esfriava.

Determinada a ficar calada e aguardar, terminei meu almoço em silêncio, enquanto Margaret terminava sua última coca-cola. Mais ou menos quando eu estava acabando de comer, a cozinheira gemeu, se levantou e foi lá fora fumar um cigarro. Peguei uma caixa para pôr o sanduíche de Margaret e paguei a conta.

— Obrigada — agradeci à garçonete, que recuperara a calma e foi capaz de agir como se fosse absolutamente normal pedir uma refeição, tentar atirá-la do outro lado do balcão, deixá-la esfriar e depois levá-la para casa numa quentinha.

— De nada — respondeu ela.

— Pronta para ir embora? — perguntei à minha irmã mais velha.

Essas palavras soaram como uma espécie de "abracadabra". Margaret pulou do tamborete, pegou sua mochila, encolheu a barriga, passou as alças em volta da cintura e ajustou o fecho. Então, se dirigiu para a porta a todo vapor. Quando chegou lá, porém, parou de forma abrupta e se virou. Olhou diretamente para a garçonete atrás do balcão e abriu um sorriso radioso.

— Okay! Tchau! Muito obrigada pelo almoço! Tenhaumbomdia! Tchau!

Margaret disse tudo isso num único fôlego, todo o tempo sorrindo e acenando sem parar. A jovem sorriu com sinceridade e acenou de volta, tímida, insegura sob o peso de tamanha gratidão.

De repente ficou bonita, o rosto refletindo a felicidade estranha e simples da minha irmã.

— Não tem de quê — respondeu.

Margaret acertava, ao menos em algumas ocasiões. Ela sabia que devia agradecer quando alguém lhe dava comida ou a tratava com gentileza, mesmo que às vezes parecesse não aceitar bem. Até porque quase ninguém acerta o tempo todo, certo?

Foi positivo ver outra pessoa entender Margaret por um minuto, reconhecendo sua tentativa de manter um diálogo normal, por mais curto que fosse, ver a bondade que os estranhos são capazes de demonstrar. Talvez não seja tão complicado. Talvez nunca venhamos a ser duas irmãs normais, mas o que isso significa, afinal?

Durante toda a minha vida com Margaret, sempre tive a sensação de que estávamos com pressa. Mas agora eu queria acreditar que estava tentando segui-la no meu próprio passo e deixá-la andar no dela. Assim, quando chagamos ao Arnie's e ela saiu correndo pelo estacionamento, seu agasalho rosa e roxo ondulando com a brisa, eu a segui, tomando o cuidado de ficar atenta aos carros. Mas não a persegui. E não tentei desacelerá-la. Deixei-a ir em frente e ser a primeira a entrar no restaurante, fazendo soar os sininhos da porta provavelmente com mais força do que o habitual. Deixei-a entrar, sabendo que ela talvez ficasse ali em pé e encarasse se alguém lhe fizesse uma pergunta e que os outros poderiam estranhar o fato de ela não responder. É esse o problema das transições: nem sempre elas são fáceis, mas precisam acontecer se queremos sair do lugar em que estamos e chegar a outro. Eu a deixei ir em frente. Simples assim. Estava começando a me dar conta de que a vida era dela e de que não sou um paraquedas.

Margaret bateu a porta, e os sininhos tilintaram. Eu vim logo atrás quando ela correu até o carro. O vento desarrumou seu cabelo curto e açoitou o agasalho, fazendo-o inflar como a vela de um navio. Ela riu para mim por cima do teto do carro enquanto esperava que eu destrancasse a porta para ela entrar e virar a chave na ignição. Quando lhe sorri, agradecida, pensei: *Talvez haja esperança para nós, afinal.*

3. Que ela coma o bolo

O bom convidado é quase invisível, divertindo-se, interagindo com os demais convidados e, acima de tudo, aproveitando a generosa hospitalidade dos anfitriões.

— "Convidados de um casamento", GUIA DE ETIQUETA DE EMILY POST

O verão do sanduíche de frango terminou. Depois da minha visita, voei de volta para o Novo México, me despedi dos amigos, empacotei meus pertences e embarquei num caminhão de mudança para ir do norte ao sul com um cão nervoso, dois gatos enraivecidos e meu marido, Brendan, que insistia em tocar seu violão na cabine do caminhão, o que me fez dirigir dois mil quilômetros com uma das mãos protegendo o lado direito da minha cabeça. Agora morávamos no Oregon, a apenas cinco horas do lar da minha infância. Eu estava mais perto da família, mas não muito mais perto de descobrir o que fazer a respeito de Margaret.

Ela ocupou meus pensamentos um bocado naquele primeiro ano, mesmo nos momentos mais improváveis, como naqueles em que eu deveria estar trabalhando. Os empregos eram escassos na bela cidade turística para onde eu me mudara, por isso eu aceitava qualquer oportunidade que conseguisse, inclusive ensinar inglês a imigrantes que colhiam frutas e trabalhar numa fábrica de brownies, embora não tivesse qualificação para nenhum dos dois. Também escrevi alguns contos para o jornal local. Pediram-me para escrever alguns artigos para um guia de noivas, o tipo de coisa que a equipe fixa se recusaria a fazer, o tipo de história para a qual eu torcia o nariz quando era uma jornalista assalariada. Mas, sendo a nova freelancer na cidade, eu agradecia pelo simples fato de estar trabalhando. Por isso sabia que precisava prestar atenção no trabalho em vez de ficar pensando na minha irmã. Mas não dava para evitar. Ela corria solta na minha imaginação, exatamente como sempre fizera na vida real.

Enquanto eu dava andamento às entrevistas para o guia de noivas, uma cerimonialista me impressionou bastante com sua abordagem profissional dos preparativos do Grande Espetáculo do Vestido Branco. Era alta, loura e dona daquele tipo de competência germânica que me fazia acreditar que ela seria competente em tudo a que se dispusesse. Se a noiva ficasse presa em um engarrafamento, ela sozinha se encarregaria de conduzir a limusine em segurança. Essa foi a impressão que Teresa causou em mim. Talvez por isso eu tenha morrido de vontade de lhe fazer as perguntas mais inconvenientes durante a entrevista.

O artigo que eu escrevia era sobre segundos casamentos, e de alguma forma chegamos ao território de relacionamentos difíceis. Me peguei querendo indagar "O que você faria se, depois de acomodar a ex-madrasta da noiva, alguém começasse a correr pela igreja cantando ou algo assim?". Ou "se alguém começasse a rir escandalosamente durante a celebração? Um convidado, por exemplo. Adulto. Como você lidaria com isso?".

Na verdade, eu não queria saber as respostas. Teresa dava a impressão de ser talvez a única pessoa capaz de me ajudar a entender o que acontecera no meu passado. Trocar ideias com ela podia ser uma espécie de seminário sobre morbidade e mortalidade, como fazem os hospitais para identificar o porquê da morte de pacientes. Embora não fosse alterar o que já ocorrera, eu me consolava com a ideia de que alguma outra pessoa talvez soubesse o que fazer. No final, porém, imaginei que essa linha de perguntas poderia comprometer a entrevista, motivo pelo qual desisti da ideia.

Pensei no meu próprio casamento, anos antes. Era difícil acreditar que eu já não tinha vinte e poucos anos, mas nessa época era mais difícil acreditar que eu um dia fosse me casar. Chocava-me a ideia de gostar de alguém o suficiente para passar sete dias por semana com ele sem querer agredi-lo fisicamente. Não sou a pessoa mais paciente do mundo, e aquele era, afinal, um homem que pegava emprestada minha escova de dentes, perdia minha chave do apartamento, muitas vezes pisava no meu pé quando atravessava a sala, enfiava o cotovelo na minha cara quando punha o cinto de segurança, me deixou presa fora de casa durante horas certa vez ou, quando não era algo assim, deixava a porta escancarada ao sair, o que permitia que qualquer viciado do prédio entrasse para fazer um sanduíche ou fumar crack. Assim era Brendan — em geral uma hora atrasado para tudo enquanto eu chegava com quinze minutos de antecedência. Sei lá como, aparentemente, fomos feitos um para o outro.

Como muitos jovens, eu não refletira muito sobre o que significava o casamento. Imaginava que as coisas seguiriam seu próprio rumo. Questões mais importantes ocupavam a minha mente. Eu estava preocupada com a cerimônia, o bolo, minha irmã e seu autismo. Não necessariamente nessa ordem.

Margaret passa a impressão de adorar casamentos. Demonstra imenso entusiasmo toda vez que o assunto vem à tona. Mas, Margaret adora, na verdade, *bolo* de casamento. Para ela, o evento todo — os convites, as roupas elegantes, os votos sagrados, as fotos de família tocantes, o banquete faraônico, o espalhafato geral — não tem sentido algum, é um saco. Ela foca toda a energia no momento mágico durante a recepção em que o casalzinho feliz finalmente corta o maldito bolo e o serve aos convidados. Nada de errado nisso, certo? O problema é que tudo que acontece antes que o garfo chegue ao prato não lhe interessa muito. É pura inatividade. Um período entediante de espera, quase sempre preenchido, dependendo do seu humor, com risos ou lágrimas, e não do tipo discreto, emocionado, adequado a um casório.

Na nossa infância, não me lembro de Margaret ter feito cena em uma recepção de casamento. O que não quer dizer que jamais tenha criado alguma confusão memorável. É que, àquela altura da noite, a concorrência já era tão grande que muito provavelmente qualquer explosão seria ignorada. Recepções de casamentos católicos irlandeses, afinal, já são em si ocasiões turbulentas. Mais de uma vez ouvi minha avó dizer a caminho do carro, depois de uma dessas festas regadas a muito álcool: "Não foi lindo? E ninguém desmaiou!" Seus pais eram proprietários de um bar após (e durante) a Proibição, um dos motivos por que ela jamais bebeu até os setenta anos; essa mulher viu de tudo, por isso sabe muito bem do que está falando.

Já as cerimônias de casamento, mesmo para irlandeses barulhentos como nós, deveriam ser diferentes. Os ritos nupciais em geral são uma ocasião de silêncio e reverência, um momento para focar na sagrada união entre duas pessoas que escolheram passar (ou tentar passar) o restante da vida (se possível) juntas.

Os casamentos podem variar dentro de um escopo aceitável de opções de bom gosto — religiosos ou seculares, em ambientes fechados ou ao ar livre, fraques e sedas ou trajes de praia são apenas um punhado que me vem à mente. Entretanto, posso afirmar com alguma certeza que a maioria das cerimônias não inclui um solo entusiasmado, acompanhado de palmas, de "I've Been Workin' on the Railroad" na voz de um dos convidados. Eu já era quase adolescente antes de me dar conta de que esse tipo de coisa não era comum em cerimônias de casamento. Não, na verdade, considerava-se esse tipo de coisa um transtorno, o tipo de coisa que era obra da minha irmã Margaret.

O solo peculiar de Margaret foi entremeado de palmas e palmas duplas e arrematado com um exuberante "Ha! Ha! Ha! Calada, Margaret!", com que minha irmã se autorrepreendeu no final da estrofe.

Às vezes essa cena incluía um jogo de pega-pega, com minha mãe correndo atrás dela. Esse jogo quase sempre extraía olhares desanimados do padre quando minha irmã corria às gargalhadas pelo centro da nave e em volta do altar, perseguida pela minha mãe calada e de cara fechada. Quantas vezes vi minha irmã mais velha, Margaret, saltitando em torno do ministro da Eucaristia ou balançando o corpo para lá e para cá a caminho do altar, batendo palmas e cantando. Às vezes ela apenas começava a rir durante uma parte silenciosa do rito ou se repreendia imitando a voz da nossa mãe: "Margaret, trate de se comportar! Cale a boca já!" Sua voz parecia ecoar incessantemente pelo santuário frio e silencioso. Ou quando minha mãe cochichava em seu ouvido ("Margaret, você tem que ficar quieta senão vamos embora") e ouvíamos apenas a resposta de Margaret, como se estivesse ao telefone: "Não! Está bem! Isso é um bom comportamento, mãe!" Eu afundava no banco, agradecida por estar sempre escuro na Igreja do Sagrado Coração, torcendo para que pensassem que era um parente de outra pessoa fazendo aquela algazarra.

Tais episódios acabavam todos da mesma maneira: minha mãe, delicada e silenciosamente, arrastava Margaret, que gritava ou ria, pelo centro da nave e até o fundo da igreja, enquanto metade da congregação se virava para ver e a outra metade fingia que nada estava acontecendo. A porta nos fundos se fechava ruidosamente após a saída das duas, as cabeças se voltavam para o padre e a cerimônia prosseguia.

Na verdade, não consigo me lembrar de qualquer casamento durante a minha infância para o qual Margaret *não* tenha contribuído de algum jeito memorável. Talvez porque, se seu comportamento fosse bom, não me restasse qualquer lembrança para guardar. As cerimônias de que me lembro se acham gravadas a fogo em minha memória. Enquanto escrevo, ainda posso sentir o olhar gélido dos noivos, dos amigos da família, quando toda a congregação cravou os olhos arregalados nos Garvins. Era 1978. Os olhos do noivo faiscavam mais que a gravata. A noiva virou a cabeça sob o véu e sobre os ombros cobertos de cetim e renda, tentando localizar a fonte de um inegável e inacreditável tumulto vindo da nossa fileira de bancos. Não me lembro do que Margaret havia feito, apenas de ter sido tão alto que até o padre foi incapaz de ignorar e se interrompeu no meio de uma leitura para olhar em nossa direção.

Foi a minha deixa para sorrir e fazer um pequeno aceno. "Oi, Jim! Oi, Jane! Que bom que eles me viram. Agora sabem que viemos", falei para mim mesma com oito anos, sem me dar conta de que casamentos não eram eventos interativos.

Desse jeito transcorreram os casamentos dos nossos primos, amigos e primos em segundo grau. E, a certa altura, em geral partilhávamos os holofotes quando Margaret encenava seu espetáculo, sempre peculiar e jamais previsível. Desnecessário dizer que ninguém precisava se perguntar, anos depois: "Lembra se os Garvins foram ao nosso casamento? Não consigo me lembrar." Éramos sempre lembrados.

Pensando em tudo isso enquanto contava histórias de casórios, me peguei imaginando que podíamos ter contratado alguém como Teresa, nem tanto como cerimonialista, mas como uma espécie de gerenciadora de crises. Talvez Teresa pudesse ter sido nossa Emily Post do autismo, a pessoa para aplacar a insanidade nas nossas vidas e dar às coisas uma aparência mais normal. Essa mulher administrava temporais, parentes inconvenientes e colapsos emocionais sem desarrumar um fio de cabelo. Meses depois de entrevistá-la para o meu artigo, li a seu respeito no nosso jornalzinho quando ela protagonizou um dos mais heroicos resgates de casamento de que já ouvi falar. Quando um incêndio obrigou a interrupção de uma recepção num determinado local, ela correu para outro casório sob sua responsabilidade, que estava acontecendo em outro lugar, e convenceu a noiva a permitir que o casal do primeiro compartilhasse o mesmo salão de festa — *tudo isso com a noiva a caminho do altar.* Quando li a notícia, pensei: "Nossa, ela é fogo!" Mas, apesar disso tudo, não acho que Teresa fosse páreo para Margaret.

Quando meus irmãos e eu nos casamos, o passado de Margaret como A Convidada mais Inesquecível foi motivo de preocupação. Não fui a única a me perguntar "O que eu faço com Margaret?". Ao longo dos anos, a pergunta pesou sobre nós quando cada um ficou noivo e planejou o Grande Dia. Nossa irmã mais velha, Ann, apalpou o terreno primeiro, ao se casar com o namoradinho de faculdade, Rob, aos 21 anos apenas. Sendo a primogênita, seus instintos não haviam sido testados e estavam meio atrapalhados, o que a fez convidar Margaret para ser madrinha comigo, juntamente com suas duas melhores amigas, Bridget e Lori. Talvez se fosse mais velha, ou se algum de nós já tivesse se aventurado antes nesse mesmo território, ela não pensasse em convidar nenhuma de nós. Não sei qual escolha foi a mais tola — a garota de dezesseis anos que tomou um baita porre e vomitou no estacionamento da recepção atrás da van do namorado (eu) ou a irmã autista de dezenove que fez uma cena tão grande antes mesmo da cerimônia que quase fez nossa mãe perder o casamento (Margaret).

O problema, claro, foi o bolo.

Tudo começou no início de uma tarde gelada, poucos dias antes do Natal de 1986. Havíamos nos reunido na Igreja de Santo Aloísio com os pais do noivo e seus cinco irmãos para algumas horas da tortura pré-casamento conhecida como Sessão de Fotos. A ideia era nos livrarmos das fotos logo para poder aproveitar a cerimônia e a recepção. Foi um simples mal-entendido, na verdade. Margaret achou que iria comer bolo depois de terminar a sessão. Não entendeu que as fotos vinham antes e que depois nos sentaríamos no porão da igreja sem aquecimento em pleno inverno, congelando nossos traseiros envoltos num tafetá áspero, à espera do início da cerimônia, que, por sua vez, nos prendeu duas horas na igreja cavernosa e gélida. Depois *disso*, fomos para a recepção e encaramos os cumprimentos, os discursos tocantes e as danças especiais. SÓ ENTÃO chegou o bolo. Simplesmente era informação demais para a minha irmã; aliás, estou convencida de que é informação demais para qualquer pessoa.

Na evolução desse grande mal-entendido, estávamos mais ou menos no meio do abominável processo das fotos. Éramos sete Garvins e oito Modarellis usando sapatos novos e roupas de festa e sendo cutucados, empurrados e reposicionados pelo fotógrafo ranzinza, que havia tomado um banho de água de colônia. Nossas famílias mal se conheciam e ali nos imprensávamos, ombro com ombro, a poucas horas da cerimônia que iria selar a união para toda a vida dos dois primogênitos. Uma coisa estranha, porém não muito inusitada no que tange a casamentos. A tensão cresceu de forma ímpar quando ficou claro que Margaret estava prestes a surtar fenomenalmente.

Ela aguentou a sessão de fotos com uma lágrima aqui, outra acolá, perguntando pelo bolo. E de repente simplesmente perdeu o controle, se atirando no chão da igreja, chutando e gritando, usando um lindo vestido de tafetá marrom que mamãe costurara à mão. "Você quer bolo e ponche! Você quer bolo e ponche! Bolo! E! Ponche! Nããããão! Rolou no chão na frente de todos, jogando o pegador de plástico do buquê da noiva aos nossos pés. "Nãããããão! Você quer BOLO E PONCHE! Ahhhhh! Nãããããããããão!"

Isso era precisamente o que meus irmãos e eu havíamos esperado o dia todo; sabíamos ser apenas uma questão de tempo antes que Margaret perdesse a linha. Mas jamais esquecerei o horror silencioso das expressões dos irmãos do noivo. Quem grita na igreja, santo Deus? Quem bate com os pés calçados em sapatilhas de cetim da cor do vestido nos degraus do altar? Quem chuta e grita e levanta as pernas até a cabeça de forma a deixar à mostra os fundilhos da calcinha? Minha irmã, ora essa.

Quando ficou patente que ela não iria se acalmar na meia hora seguinte, muito menos conseguir aguentar até o fim da cerimônia, minha mãe anunciou que levaria Margaret para casa. E quase perdeu o casamento da sua primogênita. Felizmente, uma amiga generosa de Ann se ofereceu para levar Margaret para a própria casa e ficar com ela até o fim da cerimônia. Meg, sabe-se lá como, convenceu Margaret a sair da igreja e entrar no carro. O restante de nós voltou a respirar novamente, recuperou a compostura e seguiu em frente com bravura, porque é assim que se faz em um casamento. Ann e Rob encararam o pequeno constrangimento de ter um homem sem par no altar, mas duvido que alguém se lembre disso.

Passados alguns anos, eu não me lembrava mais se Margaret conseguira ir à recepção, pois fiquei ocupada demais me embebedando para minha própria grande cena no estacionamento. Por isso, perguntei a Ann, que confirmou que Margaret fora à recepção, afinal: "Ah, ela foi, sim. Foi. Conseguiu seu BOLO! E seu PONCHE! Mamãe falou que ela se divertiu tanto que chegou em casa com as meias rasgadas", respondeu Ann, acrescentando "Não faço ideia do que isso significa".

Quando chegou a minha vez de casar, doze anos depois, eu já havia tido um bocado de tempo para pensar no que fazer com Margaret. Sabia que precisava abordar essa situação partindo do princípio de que algo provavelmente daria errado, errado para valer. Mas queria que Margaret estivesse presente, com a aprovação de Brendan, que, de tão assoberbado com as dificuldades de planejar um casamento, concordou com tudo e depois viajou para o exterior durante dois meses. No entanto, na tentativa de aprender com a experiência passada, achei que seria útil reduzir o papel de mamãe como resgatista. Sugeri, portanto, que uma das funcionárias do lar coletivo de Margaret comparecesse como sua acompanhante. Todos acharam ótimo.

Felicia levou Margaret de carro de Spokane até Seattle, e as duas dividiram um quarto no hotel em que todos estavam hospedados. Felicia acompanhou minha irmã a uma festa que demos no dia anterior ao casório, e as duas fizeram uma excursão pela cidade sozinhas. No dia do casamento, chegaram até a comparecer juntas a um café da manhã só para as mulheres, e, como Felicia estava cuidando de Margaret, consegui conversar com minha mãe e com Ann sem me preocupar em saber qual de nós teria de se levantar da mesa para lidar com Margaret caso ela decidisse atirar sua torrada em alguma prima ou dama de honra.

Durante o casamento em si, não ouvi um pio de Margaret. Ela ficou sentada quietinha com sua acompanhante, e estava linda num vestido amarelo-claro com florzinhas vermelhas. Por outro lado, havia bastante barulho à volta, motivo pelo qual talvez não desse para perceber algum ruído vindo dela. Para começar, Brendan e eu nos casamos num antigo ferryboat no Lago Union em Seattle, e o tráfego normal de barcos não foi interrompido durante a cerimônia. Havíamos providenciado um labrador grandalhão, chamado Honey, para carregar as alianças, e o animal ficou tão agitado por conta dos convidados e dos odores diversos que se desviou do objetivo algumas vezes, tentando se aproximar de todos, e precisou ser levado de volta a seu papel. Os tocadores de fole, que não tínhamos verificado se realmente tocavam bem, pareceram enfrentar dificuldades para começar em uníssono e nos seguiram meio ofegantes a caminho do altar. A certa altura, houve uma apresentação *a cappella* espontânea de um quarteto formado por rapazes balcãs do nosso time de futebol, que trajavam suas chamativas saias típicas.

Além disso, não conseguimos, durante vários e longos minutos, acender nossa vela da união, o que provocou risos nervosos. Quando finalmente acendemos a maldita, Brendan ficou tão aliviado que pousou o acendedor ainda incandescente sobre mesa, quase incendiando a toalha. Então, pegou o acendedor e soprou, apagando de novo a vela. Nosso celebrante gentil e exasperado nos tirou da frente e passou a mão em um daqueles enormes acendedores de churrasqueira, que usou para reacender a vela. Tentei não pensar no simbolismo dessa parte da cerimônia e suas implicações espirituais para o nosso casamento. A questão é que seria possível eu não notar algum surto da minha irmã. Eu estava conformada com a ideia de que poderia haver algum tipo de contribuição por parte de Margaret, mas não ouvi um pio sequer.

Quando chegou a hora de cortar o bolo, porém, percebi a marca de um dedo adulto na cobertura virada para mim, mas ninguém mais viu e eu me limitei a deslocar uma flor para cobri-la. Nossos amigos e parentes se juntaram à volta do bolo para ouvir os brindes, e Margaret ficou nas fímbrias do grupo, nervosamente entrelaçando os dedos, mas aguardando, paciente, que cortássemos o bolo. Senti um imenso orgulho naquele momento e desejei honestamente elogiar seu feito, ainda que ninguém mais entendesse. Por isso, antes de servirmos qualquer outra pessoa, peguei o microfone e expliquei com a voz embargada que minha irmã ficaria com a primeira fatia porque havia esperado com muita calma, com tamanha paciência, até estarmos prontos para servir. Todos bateram palmas quando Margaret pegou o prato que lhe dei e disse: "Obrigada, Eileen!" Antes, porém, que muitos corações fossem tocados por essa cena, lá estava ela de volta, cuspindo um pedaço de bolo de limão, batendo o prato na mesa com toda força e exigindo um pedaço de chocolate.

Nosso irmão Michael não convidou Margaret para o seu casamento, no ano seguinte. Mas também não convidou crianças, nem cachorros, nem tocadores de fole. A cerimônia de Michael foi um evento elegante, lindo, no pátio de um pequeno restaurante italiano em São Francisco, exatamente como ele queria. Não lhe agradou a ideia de ficar ali, de frente para a noiva deslumbrante e diante do grupo íntimo, imaginando quando a irmã mais velha iria correr para cima dele e lhe dar uma surra. Por isso não a convidou, ela não lhe deu uma surra, e todos ficaram felizes. Duvido que a vida de Margaret tenha sido gravemente afetada por não comparecer a esse casamento. Às vezes, apenas não queremos ir.

Nosso irmão Larry casou-se no mesmo ano e convidou Margaret. Mas, para começar, Larry se casou na nossa cidade natal. Além disso, Larry e Heidi se conheceram como voluntários nas Olimpíadas Especiais do Estado de Washington e conheciam muitos adultos com necessidades especiais. Vários desses jovens atletas foram convidados para o casamento. Uma dupla de rapazes especialmente sociáveis apareceu duas horas antes da cerimônia e se sentou no fundo da igreja sombria no campus da Universidade Gonzaga, a mesma igreja onde Ann se casara. Vez por outra, quando passávamos por ali, um deles gritava "Oiii, Laaaarry!" do banco onde estavam. Desnecessário dizer que tanto Heidi quanto Larry estavam preparados para comportamentos dinâmicos assim. Margaret apareceu para as fotos, mas somente para algumas, e se portou muito bem. Fomos nós, as damas de honra e os padrinhos, que sofremos durante duas horas de cliques debaixo de sol forte.

Michael, Ann e eu tínhamos, cada um, um papel no casamento, por isso Lori, a mesma amiga que havia sido dama no casamento de Ann, se ofereceu para sentar-se com Margaret, pois assim meus pais poderiam se concentrar na sagrada união do filho. Margaret ficou sob sua guarda enquanto o restante dos Garvins seguia em cortejo até o altar. Ainda assim, nenhum de nós, no altar da igreja, tão quente no verão como estivera fria no inverno, conseguiu se abstrair dela. Num dos momentos silenciosos da cerimônia, todos a vimos estender a mão direita e tentar beliscar Lori debaixo do queixo. Lori deu a impressão de não perceber e continuou olhando para a frente sem um piscar de olhos. Me encolhi em solidariedade; Margaret já havia feito o mesmo comigo algumas vezes e isso dói um bocado. Para piorar, a pessoa é pega de surpresa.

Ah, não, pensei. *Lá vem*. Mas aí, *tcham!* Lori pegou o pulso de Margaret e — *tcham!* — impediu o golpe final. Sem nem tirar os olhos do altar. Margaret resmungou, mas num tom baixo. Tentei de todo jeito olhar para um ponto na parede dos fundos da igreja de forma a não perder minha concentração. E percebi que Larry, Ann e Michael faziam o mesmo. Nossa irmã continuou tentando, sem sucesso, beliscar Lori ao longo de toda a cerimônia. Mas não cantou, não riu nem fez qualquer ruído perceptível de que eu me lembre. Talvez estivesse se divertindo bastante implicando com Lori.

De todas as recepções de casamento, aquela em que Margaret mais se divertiu foi a de Larry e Heidi. Eu também. Foi um evento e tanto, no Country Clube de Spokane. Senti-me como se estivesse num jogo de futebol. Encontrei pessoas que não via há anos, na fila do bufê, e gritava para elas: "Oi! Encontro você no bar!", mas a multidão me empurrava para a pista de dança. Foi uma baita festa — divertida e barulhenta, com um monte de gente se comportando mal e todo mundo deslumbrante. Um dos atletas das Olimpíadas Especiais foi derrotado num concurso de cerveja logo cedo e tirou a roupa toda no banheiro masculino. Alguém precisou chamar a mãe dele, que levou tudo na brincadeira. Outro convidado, um estagiário no escritório de advocacia de Larry, tomou um porre e mergulhou nu na fonte, mais para o final da noite. Isso não pegou muito bem. Nós, os Garvins, não somos assim tão tolerantes com os que sabem o que estão fazendo, sobretudo porque precisamos ter uma baita tolerância com os que não sabem.

Refletindo sobre essa ocasião, lembrei que eu já excedera minha cota de mau comportamento na noite anterior, então só bebi água tônica e curti uma ressaca, observei a festa e aproveitei a família. Larry estava lindo de smoking, assim como Michael, o padrinho. Nossos pais esbanjavam charme em seus trajes glamorosos, embora ambos tenham confessado mais tarde que seus pés os estavam matando — meu pai, com gota, e minha mãe, desabituada aos sapatos sexy de salto alto. Tudo que vi de Ann foram suas costas quando ela arrastou os filhos, cansados do voo e chorosos, para o carro. Os filhos do meu primo de segundo grau me fizeram refém por uns bons quinze minutos contando uma história macabra sobre um ninho de guaxinins no sótão e como o pai armado de pistola cuidara deles. Mas também estavam lá minha prima Kathy, linda e imensa de grávida, e o marido, David. Meu primo Pat, hilário, e a esposa Karen, acompanhados da filhinha encantadora em cujo rosto e nome identifiquei minha bisavó. Havia montes de bebês, tias e tios e minha charmosa avozinha, segurando a taça de vinho pela haste e lançando o brilho dos seus olhos míopes para todos. Foi uma recepção de casamento normal. *Viram*, pensei, *podemos ser normais.*

Margaret usou uma linda saia cor de ameixa e um casaquinho combinando. Meia-calça e sapatilhas pretas. Uma das funcionárias do lar coletivo a ajudara a se maquiar. Sorrindo muito, na verdade, ela não parecia perturbada com todo aquele barulho e tantas pessoas. Lori nos contou depois que as duas haviam parado para comer cupcakes entre a igreja e a festa, na tentativa de evitar a ansiedade em relação ao bolo, e imagino que o açúcar tenha melhorado seu humor.

Naquela noite, observando minha irmã Margaret, meu coração se aqueceu. Fiquei feliz por ela conseguir se integrar e não ser objeto dos olhares de todos, fazendo dela alguém deslocado. Embora fosse incapaz de expressar sentimentos complicados, supus que gostasse de se sentir incluída como todos nós gostávamos. Senti uma onda de gratidão pela minha nova cunhada por abrir espaço em sua vida para Margaret.

Mais tarde, enquanto os padrinhos e damas erguiam brindes, Margaret se aproximou a fim de ficar pertinho do bolo. Todos os olhos estavam focados no casal enquanto os amigos e irmãos se revezavam contando casos engraçados e desejando felicidades. Câmeras fotográficas espocavam, registrando o momento especial.

Eu gostaria de acreditar que, de tão atentos às palavras de carinho e incentivo ditas ao microfone, a maioria dos convidados não tenha reparado em Margaret. Minha irmã querida se posicionara bem ao lado do noivo e da noiva e aguardava tensa, de olho no bolo, com a barra da saia enfiada dentro da parte da frente da meia-calça.

A esposa de Michael, de pé ao meu lado, também notou. "Ah, não!", exclamamos em uníssono. Minha mãe estava bem perto de Margaret, e tentei desesperadamente, em silêncio, chamar sua atenção. Mamãe me viu gesticulando feito uma louca e entendeu errado. Pensando que eu apontava para a noiva e o noivo, sorriu para mim, os olhos brilhando com lágrimas de felicidade. "Eu sei", disse ela só movendo os lábios. "Estão lindos!"

4. Improvisando

Em conversas, como na maioria das coisas, a via do meio é a melhor. Saiba quando ouvir os outros, mas também quando chega a hora de liderar a conversa.

— "Sobre a arte de conversar", GUIA DE ETIQUETA DE EMILY POST

Alguns dos meus relacionamentos acabaram vítimas das armadilhas da minha memória, e comparar o presente com o passado às vezes é confuso. Meu pai, facilmente irritável, por exemplo, sabe-se lá como se tornou uma pessoa tranquila de cabelos brancos que conversa educadamente comigo durante o jantar em vez de mandar que todo mundo se cale para que ele assista à tevê. Minha mãe, eternamente cansada, que durante décadas ignorou minha insistência para que fizesse exercícios, é agora uma fera do ciclismo, com panturrilhas de aço. Todos estamos sempre mudando, sei disso. Até Margaret, a que mais parece continuar a mesma dentre quase todos que conheço, se desloca no tempo e no espaço em sua vida individual assim como eu faço na minha.

Refleti sobre isso um dia, sentada no quintal da minha casa no Oregon, vendo as andorinhas em seus voos rasantes no jardim. Aqueles movimentos graciosos me fizeram lembrar da minha infância e das horas infindáveis de sol de verão durante as quais eu não tinha maiores responsabilidades do que ficar sentada no cais observando os pássaros. Claro que esperavam que eu ficasse de olho na minha irmã também. Isso era subentendido. Antes que tivesse consciência de ser consciente, eu já sabia o bastante para me preocupar caso perdesse Margaret de vista. Todos nós, seus irmãos, ficávamos igualmente apavorados quando ela saía vagando sozinha. Aonde teria ido e quem pagaria o pato por isso?

Minha edição de *Pássaros do Oregon* me diz que os pássaros que eu observava na infância eram a andorinha-de-dorso-acanelado, com suas cores discretas, e a andorinha-das-árvores, com suas penas azul-rei. Ao chegar à nossa casa do lago todas as primaveras, sempre encontrávamos um novo ninho acima da porta principal, construído antes que terminássemos nossa própria migração, botando o barco na água e singrando o gélido Lago Coeur d'Alene, com nossos coletes salva-vidas que chegavam até as orelhas. Os ovos das andorinhas são chocados durante apenas duas semanas, e os filhotes ficam no ninho por mais três. Em comparação às nossas vidas humanas, todo o período da infância dessas criaturinhas cabe dentro de um mês e meio, o que me leva a concluir que eu devo ter visto muitas famílias diferentes de pássaros acima da porta a cada verão, não uma só. Mas dentro de casa havia uma única família, a mesma família.

Essa é, em parte, a dificuldade de ser criança numa família grande: onde quer que se vá, seus irmãos estão lá. Os mal-informados (provavelmente "filhos únicos") podem argumentar que essa é a parte mágica de pertencer a uma família grande. Mas aposto que essas pessoas jamais precisaram lutar fisicamente por um lugar no sofá. Na infância, meus irmãos e eu sofríamos com a presença constante e involuntária uns dos outros. Amontoávamo-nos em torno da mesma mesa de jantar grudenta, brigávamos por um lugar diante da tevê e lutávamos pelos minutos arduamente conquistados debaixo do chuveiro morno enquanto alguém esmurrava a porta. A gente se amava, mas esse conceito era enterrado bem fundo nos momentos em que nos empenhávamos numa batalha de vida ou morte pela última garrafa refrigerante.

Quando me mudei para o Oregon, esses dias já faziam parte de um passado remoto, e agora era preciso um bocado de esforço para participarmos da vida uns dos outros. Na idade adulta, meus irmãos e eu nos impúnhamos uns aos outros por opção. Uma das formas de fazer isso era obrigar o outro a participar de nossos hobbies. Por isso eu estava disposta a assistir *O Senhor dos Anéis* com a família da minha irmã Ann vezes sem conta. E por isso também eu deixara que Ann me pagasse uma manicure francesinha como presente de aniversário, embora ao olhar para minhas unhas eu sentisse uma prostituta. Também foi por isso que Ann, que agora morava a poucas horas de mim, concordou em vir ao meu clube do livro. Eu disse à minha irmã linda, conservadora e esposa de militar que íamos acampar, mas presumi que talvez ela deduziria o restante, que qualquer pessoa que fosse acampar na floresta com seus companheiros do clube do livro necessariamente faria parte de um bando de progressistas que gostam de abraçar árvores. Se ela não desconfiou, eu não percebi. Ann encarou muito bem a refeição simples e totalmente orgânica e a discussão que se seguiu sobre os malefícios da indústria madeireira. Sequer piscou o olho quando, depois de comermos marshmallows assados e botarmos as crianças para dormir, alguém acendeu um baseado; apenas pediu licença educadamente e foi dormir.

Depois que voltei a morar no noroeste do Pacífico, ficou mais fácil encontrar meus irmãos, ao menos do ponto de vista geográfico. Mas os encontros com Ann, por exemplo, eram bem mais fáceis do que com Margaret. Para começar, Ann atendia ao telefone quando ele tocava e geralmente não desligava na minha cara. Além disso, com Margaret, quando compartilhávamos interesses era quase sempre de mão única. Com seu autismo, ela não nutria o tipo de empatia que a levaria a tolerar algo que a incomodava só para o bem de outra pessoa (como Ann fazia quando andava pela floresta na minha van cheia de pelos de cachorro com Dizzy, meu amado vira-lata, afundando mais em seu colo a cada quilômetro). Esse conceito é por demais abstrato. Mas eu tinha amigos e parentes menos capazes de empatia que ela, então não estava disposta a desistir desse projeto, não por enquanto. Resolvi que, da próxima vez que visitasse a família, eu levaria Margaret para caminhar comigo.

Eu já havia tentado isso, no verão antes de voltar para o noroeste, quando fui visitar a família. Margaret e eu jamais havíamos falado sobre fazer caminhadas, por isso eu não sabia se ela tinha uma noção exata do que se tratava quando a convidei, mas topou tentar. Ao menos foi o que pareceu, antes que ela desligasse na minha cara. "Você vai caminhar com a Eileen! OKAY!"

Devido ao nosso então recente almoço, me peguei nutrindo pouca expectativa. *Primeiro chegue lá e veja o que acontece*, disse a mim mesma na viagem de carro do Oregon até o leste de Washington. No dia combinado, dirigi cinco horas até a casa dela, bati à porta e esperei que abrisse. Margaret escancarou a porta e me espiou através da tela. Nada falou. Não houve um "Oi, como vai? Fez boa viagem? Entre enquanto pego minhas coisas". Não temos esses momentos de amenidades, nem trocamos beijinhos ou abraços. Ela apenas me olhou durante vários segundos silenciosos. Então disse:

— Você vai caminhar, Eileen?

Quando respondi que sim, ela pegou a bolsa, passou por mim e entrou no carro, batendo a porta com toda força. Depois não se dirigiu a mim durante todo o percurso, que foi extremamente agradável.

Margaret não fala muito. Definitivamente não figura na minha lista de dez maiores conversadores. Se lhe fazem uma pergunta, ela pode responder "sim" ou "não" de forma aleatória. Por isso, perguntas como "Você prefere ovo ou panqueca?" e "Você vai parar de cuspir em mim ou vamos ter que ir embora?" provocarão a mesma resposta. "Sim?! Não?" Logo seu silêncio não me surpreendeu. Não é o mesmo que dizer que era tudo o que eu queria. Eu não via minha irmã há meses. Se pudesse escolher, gostaria de saber o que estava acontecendo na sua vida e em seu coração. O que ela andara fazendo desde a última vez em que nos vimos? O que a deixava feliz? Ou triste? O que ela fazia com os colegas de residência nos fins de semana? Mas essas eram perguntas que minha irmã simplesmente não podia responder. Eu precisava me contentar com as informações limitadas obtidas junto aos funcionários da casa dela, que a viam todos os dias. Precisava torcer para que ela estivesse sendo feliz do seu próprio jeito.

Embora fosse meu desejo ter um vislumbre dos pensamentos da minha irmã, parte de mim não se incomodou com o silêncio de Margaret naquele dia específico. Acho que podíamos todos desfrutar um pouco mais de silêncio, honestamente. O mundo é um lugar barulhento e vem se tornando cada dia mais cacofônico com nossos celulares, laptops e iPods. Meu sogro não consegue dormir sem que a televisão esteja ligada. Meu marido gosta de ler seus e-mails e conversar comigo no café da manhã ouvindo rádio e mandando mensagens de texto para os colegas do clube de xadrez. Meus sobrinhos jogam Xbox durante horas e assistem aos mesmos filmes milhares de vezes, com frequência se afastando da tevê na metade e deixando o volume no máximo. Volta e meia me vejo no carro com amigas ou parentes e me dou conta de ser a única que não está falando no celular.

Sinto-me deslocada na geração da tecnologia. Em geral dirijo com o rádio desligado. Faz pouco tempo, dirigi por cinco mil quilômetros sozinha sem sequer botar um CD. Trabalho em uma sala silenciosa, cuja quietute é vez por outra quebrada pelo bufo do meu cachorro acordando ou do gato miando para que o deixem sair, depois entrar e depois sair novamente. Meu celular fica desligado enquanto dirijo, escrevo ou — surpresa das surpresas — falo com outra pessoa ao vivo. É comum encontrar várias mensagens quando torno a ligá-lo, mas nenhuma delas urgente, a menos que eu considere urgentes as de Brendan querendo saber por que meu telefone está desligado.

Cresci num lar barulhento, um dos motivos por que prezo tanto o silêncio. Mas tem algo mais aí, algo que diz respeito a observar o comportamento humano, a parte sem fala da comunicação. A beleza da pausa, do sinal não verbal, me foi negada quando eu era mais jovem, mas valorizo esses elementos cada vez mais à medida que envelheço. Aprendi com os alunos da tribo Navajo na Universidade do Novo México o quanto pode parecer abrupto e estranho o estilo anglo-americano de comunicação. Para eles os estudantes e professores de língua inglesa falam demais e rápido demais. Enquanto os Navajos esperavam em silêncio pelo que julgavam ser a pausa cultural apropriada para responder a uma pergunta, os anglo-americanos ficavam nervosos diante do silêncio e começavam a falar, fazendo mais perguntas. Então os Navajos tinham que esperar um pouco mais, provocando mais conversas nervosas e um ciclo frustrante de comunicação equivocada.

Quando fui professora da quarta série na Samoa americana, meus alunos me deram algumas dicas sobre comunicação não verbal, me ensinando que um movimento de sobrancelha significa "sim". Quando eu ficava ali em pé, com as mãos na cintura, exigindo uma resposta verbal, eles riam, achando hilariante eu não saber o que eles estavam "dizendo". É que eu simplesmente não ouvia. Ainda não aprendera como ouvir.

Minha infância estridente e apinhada de gente cedera lugar a uma vida cheia de silêncio, de espaço e de tempo, três coisas que jamais pensei que teria em tal quantidade. E, embora há anos tivesse me afastado daquele caos e do espaço exíguo dividido com quatro irmãos, a sensação de tensão e tumulto permanecera e eu continuava tentando me livrar dela.

Depois de uma meia hora de silêncio total no carro, Margaret me olhou e disse: "Oi, Eileen!"

Feito isso, ela voltou o olhar para a janela. Ri para mim mesma, pensando em como essa viagem de carro silenciosa com minha irmã era irônica para mim. Afinal, uma das razões por que minha infância em casa havia sido tão ruidosa era essa irmã que agora viajava a meu lado em tamanho estado de tranquilidade. Essa cena que eu vivenciava era algo que eu poderia ter fantasiado, mas jamais esperado: minha irmã mais velha calada.

Subimos a rodovia 2 até a rodovia 206 e saímos de Spokane enquanto no rádio ouvíamos o "Concerto nº 2 para piano", de Brahms. Margaret olhava pela janela e contemplava o cenário conforme os arredores da antiquada zona universitária cedia espaço para algumas lojinhas e restaurantes chineses e depois para grandes shopping centers. Além dessa paisagem ficava a zona rural, que se transformara em grandes conjuntos residenciais esparsamente habitados e, mais distante, as últimas poucas fazendas de agricultura familiar e a floresta. Entramos no Parque Estadual Mount Spokane e contornamos a via estreita em direção à área de esqui. Margaret não disse uma palavra. Vez por outra pressionava um dedo contra a janela e sussurrava alguma coisa para si mesma. Passei poucas e boas com Margaret — surtos violentos, nudez em público, vômitos explosivos em restaurantes —, mas nada em nosso passado me preparara para todo esse silêncio.

Ao longo da nossa infância, o autismo de Margaret a tornara propensa a ataques de fúria frequentes, imprevisíveis e violentos. Podiam ocorrer durante o jantar, no meio da noite ou de manhã, e quase sempre sem motivo aparente. Seria a sua dieta? Seus hormônios? Os remédios? Seria o autismo? Era de enlouquecer tentar prever ou resolver o problema que pudesse estar afetando minha irmã. Mas, quando criança, por alguma razão eu achava que devia adivinhar suas necessidades. Meus irmãos também. Qual seria o truque de mágica que teríamos de fazer para consertar o mundo dela? Tentávamos de tudo e, quando nada funcionava, tentávamos de novo. O que mais fazer quando alguém grita a plenos pulmões, senão tentar descobrir como calar essa pessoa? Mas éramos crianças, não especialistas em autismo, e nossos esforços quase sempre pareciam vãos. Assim, nossa infância juntos foi contaminada pela ansiedade que aflige minha irmã e sua incapacidade de nos comunicar suas necessidades. Por isso eu agora a observava contemplar a estrada, calada, e simplesmente me sentia maravilhada. No fundo, porém, minha tensão era a de sempre.

Olhei minha irmã de soslaio enquanto dirigia. Margaret é três anos mais velha que eu, o que, na época, queria dizer que tinha quarenta anos. Mais alta e mais pesada que eu, ela herdou o que a nossa família chama de "o tipo físico McGillicuddy". Isso significa que se parece com as mulheres do lado da minha avó materna: alta, com seios fartos, levemente barriguda e de pernas finas. Seu cabelo castanho é curto, bem cortado, o que realça seus lindos olhos verdes. Margaret costuma ficar em pé com as mãos entrelaçadas à frente, sobre o peito volumoso, lembrando a Vênus de Willendorf.

Mais ou menos na década anterior, ficamos longos períodos sem nos vermos, e eu registrara mentalmente essa imagem dela. Quando morei no Novo México, a distância era um obstáculo. Como estudante pobre, eu tinha tempo para viajar, mas quase nunca os recursos necessários. Quando consegui um emprego com salário decente, minhas férias eram meras duas semanas por ano. Margaret nunca pôde viajar sozinha, e, mesmo com uma acompanhante, uma viagem imprevisível de avião era uma aventura que ninguém estava ansioso para fazer com ela, sobretudo depois do 11 de setembro. Mas agora eu morava a apenas cinco horas de distância e tentava me conectar com minha irmã. E com ela apenas. Uma com a outra, na tentativa de separar o passado do presente, separar a forma como as coisas haviam sido da forma como eu esperava que pudessem ser.

Assim como queria desenvolver um relacionamento adulto com Ann, Larry e Mike, eu almejava uma mudança no meu relacionamento com Margaret como irmãs. No passado recente, visitá-la me causara estresse, uma sensação como de quem enche a cara de cerveja e depois vai andar de montanha-russa. Eram seus surtos que me afetavam. "Dificuldades comportamentais" foi o termo educado que passamos a usar na idade adulta. Em termos mais simples, isso significava que um encontro com minha irmã costumava incluir um ou todos estes itens: levar uma surra, uma paulada na cabeça, ser cuspido, empurrado, totalmente ignorado durante uma semana inteira, ridicularizado ou beliscado naquela porção sensível que fica entre o queixo e o pomo de Adão. (Provavelmente não existe muita gente que se preocupe com o Beliscão no Pescoço, mas, se você se der ao trabalho de localizar esse ponto em seu pescoço, vai reparar que se trata, com efeito, de um pedaço muito delicado de território corporal. Agora imagine que você está calmo e tranquilo, cuidando da própria vida, quando de repente essa parte do seu pescoço fica presa na porta de um carro. Um Beliscão no Pescoço é exatamente isso). Todas essas coisas podiam ser repetidas, aleatoriamente, ao longo de uma mesma visita. Digamos que era difícil relaxar e se divertir nessas circunstâncias, e ainda mais difícil sentir afeto pelo culpado de tais investidas, ainda que esse fosse o único encontro no ano inteiro.

Entretanto, todas essas possibilidades eram preferíveis aos gritos. Quando escapava efetivamente ao controle, Margaret emitia aquele grito primitivo que arrepiava os pelinhos da minha nuca. Na verdade, arrepiava os pelinhos do meu rosto. E eu sequer sabia que meu rosto tinha pelos. Esse ruído também me levava a um ataque de sudorese repentino — um surto de suor, se é que isso existe. Bem lá no fundo, eu imaginava que me cabia tomar alguma medida drástica.

Quando Margaret gritava, a impressão era de que ela pretendia se virar do avesso com a força da própria voz. E, se isso não acontecesse, ela continuaria gritando até virar o resto do mundo do avesso. Quase sempre, depois que começava, ela simplesmente não conseguia parar. E tudo que eu queria era ajudá-la a parar. Só que correr em seu auxílio era como voltar a um prédio em chamas para tentar desligar o alarme de incêndio e, por experiência própria, igualmente inútil. A última vez que eu tentara ajudar Margaret num surto desse tipo, torci o tornozelo e ganhei um hematoma na nuca; Margaret me empurrou quando me acocorei junto à cadeira em que ela se atirara e tentei ver se conseguia acalmá-la.

Eu não sabia dizer com que frequência Margaret fazia isso atualmente. Quando éramos mais jovens, os gritos faziam parte do cotidiano, assim como o latido ensandecido do cachorro, o som dos discos tocados sem cessar pela minha irmã e o ruído das ferramentas pesadas do meu pai no porão. A combinação me levava a querer me esconder num canto silencioso, mas não existia nenhum na casa lotada. Os ataques de Margaret sem dúvida eram o pior de todos esses problemas e certamente ligados ao seu autismo e à dor, ou ao desconforto, ou à ansiedade que ela não conseguia expressar. Que baita ajuda éramos nós, ali em volta, alternadamente consolando, gritando, persuadindo, implorando — ou, como no meu caso recente, arriscando uma proximidade demasiada —, enquanto ela tentava lidar com qualquer que fosse a aflição que a assaltava.

A dificuldade não se limitava aos gritos. Em nosso passado mais remoto, a espera em geral era pior do que os surtos em si. Fosse nas férias, nos aniversários, nos passeios em família, todos nós tínhamos a sensação de que algo ruim estava prestes a acontecer. E quase sempre estávamos certos. Só não sabíamos quando aconteceria. Essa espera deixava todo mundo nervoso e inquieto. Quando finalmente saí de casa e fui para a universidade, senti como se tivesse prendido a respiração durante dezoito anos.

Depois que todos nós saímos de casa para estudar, depois para trabalhar e casar, Margaret quase sempre ficava muito nervosa quando os irmãos chegavam para passar férias. Ela deixava a residência coletiva, e nós, as nossas respectivas cidades em estados ou países distantes. Em algum momento da reunião, algo a fazia perder o prumo, e a família desempenhava sua coreografia de disfunção e infelicidade. Eu sabia que minha família era só mais uma onde acontecia isso. Quando filhos adultos voltam ao lar para uma visita, costumam mostrar seu pior comportamento, atraídos para um papel que já não cabe neles, como um velho suéter que pinica, mas do qual a gente não consegue se desfazer, embora tenha roupas melhores para usar e ele não combine com nada no nosso guarda--roupas. Deixamos a nossa vida real na entrada quando cruzamos a porta do lar da infância. Sei que era assim que eu me sentia. E era particularmente enervante ver Margaret continuar a aprontar. Eu pensava: *Cara, não acredito que ela ainda faz isso*. Provavelmente ela estava do outro lado da sala, pensando: *Meu Deus! Não acredito que ela ainda age assim*. Então, Margaret se levantava, cruzava a sala apressada e me dava uma boa palmada no traseiro.

Recordando isso, devo admitir que, embora eu odeie apanhar, ver Margaret bater em outra pessoa é hilário. A maioria dos adultos já perdeu aquele sexto sentido que temos quando crianças — o radar que alerta para o fato de que um irmão/primo/amigo/colega de escola nos escolheu como alvo e vai atacar a qualquer instante. A maioria dos adultos já esqueceu a velha técnica de andar com as costas viradas para a parede para evitar um ataque surpresa. Dessa forma ingênua e descuidada, os adultos em geral estão totalmente despreparados para a própria reação quando Margaret entra em ação. Suas vítimas são tão inocentes, tão vulneráveis, que ela goza de bastante tempo para mirar, preparar e atirar: um homem adulto em pé com uma cerveja na mão conversando sobre ações com meu irmão no churrasco não dispõe de qualquer contexto adulto para a sensação de ser atingido no traseiro por uma quase desconhecida. Ele dá um salto e se vira, derramando a cerveja, com um medo infantil no olhar. O medo se transforma em vergonha, como se ele tivesse feito algo para merecer o castigo. Então, se dá conta de que tem trinta e seis anos, e não seis, e que não fez nada para merecer aquilo. Uma expressão de raiva se instala em seu rosto. E lá está minha irmã mais velha, rolando de rir: "Você não dá palmada nos outros! Não se faz isso! Ha! Ha! Ha!" Mas o que ela pode fazer? Ela não é "normal", certo?

Esse tipo de comportamento, porém, era normal para nós. Por isso, quando eu ia para casa visitar a família e Margaret se comportava mal, me dava raiva e tristeza ao mesmo tempo, embora muitas vezes ela me fizesse rir também. Eu podia ou não gritar com ela, mas a minha irritação era enorme, de um jeito ou de outro. Se eu gritava, em geral ela ria de mim. E, se tentava ignorá-la, ela continuava aprontando, na tentativa de me provocar. Eu só queria acabar com aquilo, com o mau comportamento, para que todos pudéssemos aproveitar a companhia uns dos outros. Eu ia embora me sentindo uma merda, me perguntando se minha presença despertava o que havia de pior nela. Por isso, agora eu vinha tentando descobrir como mudar as coisas.

Tudo estava embutido nesse conceito de compartilhar interesses. O esforço para ser normal era um desafio para todos nós, irmãos dela, porque, apesar de funcionarmos suficientemente bem no mundo como indivíduos, quando nos juntávamos perdíamos um pouco o foco. Parecíamos estudantes de intercâmbio em nosso próprio país. "Ah, entendi. É costume comprar um cartão ou mesmo uma lembrancinha no aniversário de um parente ou de um amigo." Ou: "Na hora das refeições, todo mundo gosta de comer e beber e até de dar uma voltinha em torno da mesa. Normalmente, ninguém atira comida nos outros." Por isso, fingíamos ser normais e, embora ninguém enganasse ninguém, isso ajudava a enfrentar o processo. Saíamos para almoçar. Saíamos para tomar um café. Íamos às compras. Visitávamos nossa avó. Coletivamente, éramos mais normais, ao menos por fora.

Nas primeiras vezes em que levei Margaret para fora da casa dos meus pais, sua calma me chocou. Ela não puxou os cabelos no balcão da lanchonete. Não cuspiu refrigerante dentro do copo nem fez movimentos ou ruídos estranhos. Numa tarde, num restaurante comigo, Ann e Larry, ela apenas comeu e sorriu. De vez em quando, olhava para nós e ria. "Oi, Ann! Essa é a Ann!", exclamou, genuinamente satisfeita, várias vezes.

Agora, no carro, rumávamos para o topo do Monte Spokane, e concluí que o humor de Margaret estava bom. Me peguei querendo acreditar que essa nova versão da minha irmã — a Margaret calada, a Margaret tranquila e feliz — era a verdadeira Margaret. Os funcionários da residência coletiva haviam comentado que nos últimos anos ela vinha se suavizando. E, quando fomos ao Starbucks próximo à casa dela recentemente, eu me impressionei ao vê-la "na dela".

"Oi, Margaret, tudo bem?", cumprimentara a garçonete. "Vanilla latte descafeinado, certo?" Seu tom não foi aquele que se traduz como "Estou sendo delicada com o deficiente porque sou boazinha", mas simplesmente o de quem está falando com um cliente assíduo, algo que Margaret de fato era.

Margaret retribuiu o cumprimento e se lembrou do nome da moça. Não me senti obrigada a responder por ela nem dizer "Margaret, diga à moça o que você quer e pare de rasgar o guardanapo de papel", como teria feito no passado. Sempre me sinto uma babaca quando faço isso, como se a estivesse traindo ao tentar fazer com que ela aja "normalmente" para os outros verem. Mas, dessa vez, era eu a excluída, uma desconhecida que precisou explicar meu pedido para a barista amiga de Margaret.

A caminhada iria elevar nosso convívio a um patamar totalmente novo, mas aí ponderei que seria provável ela se recusar a entrar no carro comigo quando eu fosse buscá-la, logo era possível que não tivesse muito com que me preocupar. Ela podia dizer "Nãoobrigada, Eileen" e bater a porta na minha cara. Preparei-me para a recusa e disse para mim mesma que tudo bem, que tentaria de novo no futuro. Margaret, porém, já superara as minhas expectativas vindo comigo, e eu me sentia meio eufórica por isso.

Apesar da felicidade, meu medo não desapareceu. Afinal, estávamos as duas sozinhas. Embora Margaret um dia tivesse sido parte indissociável do meu cotidiano, eu perdera o hábito de ficar sozinha com ela. Enquanto seguíamos em silêncio, me lembrei que, na época do ensino médio, eu a levara uma vez como companhia de estudo, algo que, a princípio, parecera uma boa ideia. Fomos para o Café Coyote, onde eu trabalhava, e consegui que nos dessem um lugar na parte mais reservada do restaurante. Achei que Margaret gostaria de ouvir música (rock clássico) e comer batatas fritas e colorir seus cadernos de desenho enquanto eu estudava. Cinco minutos depois de nos sentarmos, ela começou a rir — alto e histericamente — e a cuspir coca-cola em mim e nos meus livros. Não parava por nada no mundo. Ou ao menos não esperei para ver se pararia. Podem me chamar de covarde, mas não aguentei o olhar dos demais clientes nem o fato de meus colegas de trabalho se revezarem para encarar a irmã anormal de Eileen. Fomos embora.

Isso tinha sido anos antes, mas eu estava preocupada com o que podia acontecer e se eu seria capaz de lidar com a situação. Senti medo e tentei fingir que não sentia, e ao mesmo tempo me perguntava se seria capaz de lidar com aquilo que eu estava fingindo não me causar preocupação. Ao menos, contudo, as coisas hoje haviam começado bem. Lá estávamos nós, duas irmãs adultas fazendo um programa de dia inteiro, ouvindo rádio e aproveitando um longo passeio numa manhã de verão. Subimos ao topo do Monte Spokane para curtir a vista.

O Monte Spokane é o pico mais ao sul na cordilheira Selkirk, que chega até British Columbia e Alberta. Seu ponto mais alto tem quase 1.800 metros e fica bem acima de um conjunto de pequenos lagos — Newman, Hauser e Spirit. Fomos criadas a poucos quilômetros dali, mas eu me lembrava de ter subido a montanha. Não é isso mesmo que costuma acontecer? É preciso ser turista no próprio quintal para descobrir nossas origens.

Margaret e eu caminhamos por uma trilha curta próxima ao cume e absorvemos a paisagem colorida. Acompanhadas do meu cãozinho preto, Dizzy, ouvimos o vento sussurrar nos pinheiros gigantescos. Lá em cima havia sol, mas fazia frio para julho, algo de que eu sempre me esquecia. O vento desmanchava nosso penteado enquanto subíamos até a guarita de pedra que era o mirante. Dentro estava escuro e gelado. Vazio, pensei. Margaret adorou o eco no cômodo comprido e de teto baixo e gritou "Oi, alô!" para ouvir o som da própria voz ricochetear nas paredes gélidas. "ALLLÔ!" Ela riu. Também ri, porque minha irmã parecia tão normal e animada, mas não estava falando com pessoa alguma, apenas adorando o som da própria voz.

Reparei num pai e seus dois filhos pequenos de pé na guarita. Sorri e cumprimentei, mas o pai apenas nos olhou com desconfiança e nada disse. Os meninos nos encararam.

— Oi — disse o mais novo.

— Oi — respondi.

— Vamos, meninos — comandou o pai, fingindo que não nos tinha visto nem me ouvido.

Margaret não se incomodou; estava repetindo "Oi, ALÔ!" e rindo. Mas fiquei aborrecida por ele nos ignorar. Sempre me aborreceu ser a "normal" e ver os adultos resolverem que a melhor maneira de lidar com a estranheza da minha irmã era fingir que ela não existia.

O vento e a escuridão da guarita me arrepiaram, e dei a Margaret um casaco de manga comprida que ela vestiu e abotoou para se proteger do frio. Ficou pequeno demais e apertado no peito volumoso, mas ela não deu a impressão de se importar. Rumamos para a trilha. Dizzy seguia à nossa frente e voltava para checar nossa posição quando ficávamos muito para trás. Dizzy farejou a mão de Margaret quando ela passou, e minha irmã lhe fez um carinho enquanto ele fazia seus passos de foxtrot canino. Em silêncio ouvimos o vento, o estalar dos galhos, e as patinhas de Dizzy na terra levantando uma poeira avermelhada. Não sei por quê, mas os odores e cores me pareceram amplificados também. Deixamos um rastro de silêncio atrás de nós.

Pela primeira vez, não senti necessidade de dizer coisa alguma, e Margaret era uma alegria só, deixando que um momento levasse ao outro, sem precisar perguntar o que viria a seguir, quando iríamos para casa, onde estava o carro, onde estava a mamãe, onde estavam os funcionários da residência coletiva. Foi bom demais. Ela também achou, penso eu.

Por favor, não pensem que foi perfeito. Afinal, a vida não é um filme da Disney. Precisei fechar os olhos e contar até dez quando Margaret decidiu que não gostava do sanduíche de peru gourmet que levei para o piquenique e demonstrou seu desprazer atirando-o na minha cabeça com o lado com maionese para cima. Sim, sem dúvida há meios mais adequados de demonstrar as próprias preferências culinárias, mas ao menos ela não gritou nem me bateu. Nem atirou o refrigerante no mato para que eu tivesse que rastejar atrás dele. Apenas me olhou com uma certa indignação, como se perguntasse por que diabos eu tinha lhe oferecido aquela porcaria de sanduíche, e depois o atirou em mim. Continuei contando até dez depois que a focaccia quicou na minha cabeça e foi parar nos arbustos, e acabei concluindo que sete dólares tinha sido um preço pequeno a pagar pela paz e tranquilidade que Margaret e eu vínhamos desfrutando até então.

Dizzy ficou feliz de dar conta da comida rejeitada, e Margaret me pareceu satisfeita com o refrigerante, as batatas fritas e o cookie da sua lancheira. Eu sequer mencionei o sanduíche, simplesmente limpei a maionese do cabelo com meu guardanapo e lhe passei meu saco de batatinhas quando Margaret esvaziou o dela. Aceitando-o calada, ela abriu o saco e comeu uma a uma, enquanto Dizzy aguardava as migalhas. Todos terminamos de comer num silêncio tranquilo.

Ainda considero engraçada a parte do "silêncio tranquilo". Essa era a pessoa que me impediu de ter uma boa noite de sono durante dezoito anos e sabotou praticamente todas as férias em família e ocasiões especiais com algum tipo de comportamento ensandecido. Agora, ali estava ela, sentada à minha frente em uma mesa de madeira gasta, com o vento e o sol em seu rosto, me oferecendo esse presente tremendo e improvável: sua felicidade, satisfação e tranquilidade. Como a vida é surpreendente!

Voltamos para casa descendo a montanha, passando pelas fazendas e entrando na cidade, onde as luzes de néon que margeiam as ruas estavam sendo acesas. Quando a deixei em casa, Margaret me permitiu entrar e cumprimentar os demais moradores por cerca de noventa segundos, uma enorme concessão da parte dela. Eu sabia quão longe podia ir e não tentei prolongar a visita. Ela tinha seus limites e podia deixá-los muito claros à sua maneira. Troquei duas palavras com seus amigos, com Margaret atrás de mim, nervosamente torcendo as mãos, ansiosa para que eu fosse embora, mas sem saber como pedir. Quando falei que era melhor eu ir andando, um imenso sorriso brotou em seu rosto. Ela praticamente me enxotou porta afora, sua típica despedida. "Okay! Tchau, tchau! Muito-obrigada-pelo-passeio-Eileen! A gente se vê! Tchau!"

Me deu um bom empurrão e bateu a porta com gosto, quase atingindo meu traseiro. Fiquei na varanda, rindo, pensando que Margaret jamais tem dúvidas quanto à hora de ir embora.

Na viagem de volta, mantive o rádio desligado e curti o silêncio. Pensei na minha irmã mais velha e como ela não parava de me surpreender. E me perguntei o que faríamos na minha visita seguinte. Lembrei do final do passeio, quando, caminhando até o carro, pegamos um trecho escorregadio na trilha. Margaret estendeu o braço e segurou meu ombro para se equilibrar. Essa é outra das ironias da vida — os medos de Margaret, uma mulher que não dá a mínima para entrar no saguão da YWCA totalmente nua, com o maiô na mão, para pedir ajuda para vesti-lo. Uma pessoa que provavelmente nem pensaria em apagar um incêndio na cozinha se por acaso estivesse ouvindo música. Alguém que não se envergonha de interromper uma missa com gargalhadas ou falando alto. Essa é a pessoa que, quando criança, certa vez foi de bicicleta até o centro da cidade e entrou com ela na autoestrada ao cair da tarde. Basta dizer que Margaret não tem medo da maioria das coisas que assustam outras pessoas, mas que, diante de uma ladeira e uns poucos cascalhos soltos, ela entra em pânico.

Ainda meio titubeante, Margaret agarrou meu braço com as duas mãos e desceu com cuidado o morro. Passado o pior, largou meu braço e me deu a outra mão, ficando assim até chegarmos ao carro. Não me importei. Na verdade, foi muito gostoso apoiar minha irmã. O contato físico que faz parte da nossa vida quando somos crianças ou quando estamos com crianças não costuma perdurar na idade adulta. Gostei de sentir a mão magra da minha irmã na minha, seus dedos longos entrelaçados aos meus em um pedido silencioso de apoio moral. A distância que havíamos interposto entre nós nas últimas duas décadas desapareceu num instante. Os anos de raiva, frustração e decepção perderam o significado; uns poucos momentos de silêncio compartilhado e mãos dadas, superamos o que nos afastava.

Caminhamos desse jeito, sem falar, e o terreno se aplainou. Com o perigo ultrapassado, Margaret de repente começou a cantar e a balançar nossas mãos no ritmo da cantoria. Reconheci a canção do Ursinho Pooh de um dos discos que tínhamos na infância.

Fiquei ali contemplando seu sorriso triunfante e belo. Ela jogou a cabeça para trás, rindo alto por um longo tempo. Depois largou a minha mão, entrou no carro e bateu a porta com toda força.

5. O que é o autismo

Quando temos uma pessoa deficiente... na nossa família, fazemos o máximo para entender tudo sobre o seu problema, para buscar ajuda profissional e tornar a família o mais normal possível.

— "Sobre deficiências", GUIA DE ETIQUETA DE EMILY POST

O verão deu lugar ao outono. Eu estava sentada na escuridão do antigo Cinema 21 de Portland, um belíssimo cinema art déco. As luzes no piso lançavam uma claridade cálida nas colunas laterais, me levando a esquecer o frio exterior. Eu chegara antes da hora, como sempre. Escolhi o assento do meio da fileira do meio entre as trezentas cadeiras da sala, exatamente onde gosto de me sentar. Esse, aliás, é um dos motivos por que gosto de ir ao cinema sozinha — para poder me sentar onde quiser e em silêncio. Senti uma mola do encosto da poltrona velha cutucar minhas costas, e, enquanto meus olhos se adaptavam à escuridão, o vermelho da pesada cortina que encobria a tela se acentuou.

O filme ia começar. Chamava-se *Autismo: O Musical*. Quando comprei o ingresso com o sujeito esquisito na bilheteria, perguntei se ele já assistira, e ele respondeu que não, mas que tinha certeza de que eu iria gostar. Quando ouvi sua resposta, olhei-o como se o cara tivesse me enviado uma espécie de mensagem. Acho que o deixei nervoso. Afinal, como ele haveria de saber que eu estava numa busca?

Entrei na sala enorme e escura, que estava totalmente vazia. Por um instante, senti que aquilo tudo estava acontecendo apenas para mim. Alguma mão invisível abriria a cortina, e eu encontraria as respostas para tudo que desejava saber sobre autismo, sobre minha irmã, sobre a nossa família. Mas esse filme específico é um musical chamado *Autismo: Nossa Vida*. E não estava passando no Cinema 21, mas apenas na minha cabeça, o tempo todo.

Quanto à minha busca, eu havia ido ao cinema atrás de respostas. Começara a fazer perguntas mentalmente e no papel. Quase sempre acerca de Margaret. Desde as minhas últimas viagens para visitá-la, ela não me saía da cabeça. Ou melhor, o nosso relacionamento não me saía da cabeça, bem como o que eu faria a seguir. Não é que o meu telefone não parasse de tocar. Margaret não tinha me ligado. Na verdade, ela não telefona para ninguém. Ao menos, não para conversar. Se combina algo com meus pais, como o almoço de Páscoa, por exemplo, ela liga compulsivamente nos dias anteriores. E, quando eles atendem, tudo que ela diz é: "Vocês vão fazer um almoço de Páscoa, por favor!" E, quando ouve que sim, desliga na cara deles e liga de novo, cinco minutos depois, perguntando a mesma coisa.

Por isso eu não podia esperar que ela tomasse a iniciativa. A bola estava eternamente comigo. Mas eu não sabia sequer o que queria ou esperava que acontecesse. E ficava frustrada com a mesma sensação de impotência que me assaltava há anos. Quer dizer, depois de todo esse tempo, eu não deveria ao menos entender o autismo? Eu vivenciara e respirara autismo durante os primeiros 25 anos da minha vida. Ele me assombrara durante os últimos 16. Eu trabalhara junto aos meus pais, aos professores de Margaret e estudantes voluntários para ajudá-la a aprender, a lidar com o nosso mundo desconhecido. Se eu não entendia disso, o que eu entendia então?

Mas me vi com mais perguntas que respostas, motivo pelo qual comecei a pesquisar. No início quase me senti constrangida. Era como se o capitão Ahab de Melville estivesse lendo um manual para aprender a pescar. Mas perseverei. Li livros escritos por pais, médicos e terapeutas. Li as biografias de Temple Grandin, Kamran Nazeer e Donna Williams, indivíduos com autismo que conseguiram escrever a partir da própria perspectiva. Conforme as datas de publicação dos livros se tornavam mais recentes, os autores que eram pais de repente se aproximaram mais da minha idade do que das dos meus pais. Mas o básico não mudou. Era uma história de carência — carência de informação, carência de assistência da parte do mundo médico, carência de apoio da família e dos amigos, carência de cooperação do sistema escolar. Era a repetição da história dos meus pais.

Mas aqui e ali eu percebia um vislumbre do que eu procurava: irmãos. E minhas próprias perguntas se aclararam. O que os irmãos faziam? Como lidavam com a situação? No final das contas, quais eram suas responsabilidades? Quais eram as minhas? Foi quando vi o anúncio desse filme. E, ainda que o cinema ficasse a uma hora da minha casa e a sessão fosse no meio da semana, vi logo que precisava assistir.

Assisti ao documentário com o coração cheio de emoção. Se tivesse sido uma sensação boa, eu diria que meu coração se expandiu, mas foi mais um latejar, como se eu fosse morrer. Uma sensação horrível, em parte empatia, em parte *schadenfreude*. O enredo girava em torno de uma mulher, Elaine, que resolve montar um musical com as crianças das redondezas — todas com autismo, inclusive seu filho. O subtexto do filme, porém, eram o profundo desespero e a feroz esperança dos pais, o incessante conflito que o autismo provocava na família, no casamento dos dois e, claro, nos filhos. Elaine me devastou, com seu rosto repleto de esperança. O primeiro marido a abandonara. Depois de muitos anos criando sozinha o filho Neal ela encontrara alguém e ficara noiva. Agora, ela e o noivo defendiam Neal juntos contra as críticas da família dele, que consideravam o enteado apenas "um mau menino". Tínhamos parentes assim também, que achavam que minha irmã só precisava de "umas boas palmadas".

A certa altura do filme, depois de tanto esforço para defendê-lo, Neal aprontou seriamente com uma criança pequena em um piquenique, o tipo de coisa que cansei de ver Margaret fazer. Fingindo-se de bonzinho, Neal deu um puxão na criança, machucando-lhe o braço e a fazendo chorar. Foi quando os adultos foram sugados para esse redemoinho de conflitos: a mãe do garotinho, que tentava confiar na mãe de Neal; Elaine e o noivo, que sabiam que Neal podia se comportar melhor; o garotinho, que não entendeu por que havia sido escolhido para sofrer tamanha maldade. E Neal, incapaz de explicar por que fizera o que fez e não parava de chorar. Não restaram dúvidas de que não era só o piquenique que havia sido estragado. Foi um rasgo adicional no tecido social, nas fibras emocionais e nos laços invisíveis que uniam essas pessoas.

Assistindo a suas histórias, senti como se estivesse numa reunião de família, só que todos eram muito mais bonitos do que eu e meus parentes, já que o filme foi rodado na Califórnia.

Quando as luzes se acenderam, levantei-me enxugando as lágrimas. De repente me dei conta de não estar sozinha. Vi outra mulher sentada nos fundos do cinema escuro, também sozinha, fungando num lenço de papel. Achei que devia dizer alguma coisa. Afinal, se ela estava assistindo ao filme, provavelmente tínhamos algo em comum, certo? Mas me faltaram palavras, por isso apenas sorri para ela e ela sorriu de volta, e saí do cinema para a claridade tênue do sol de outono.

O autismo é um distúrbio neurológico de nascença que prejudica a comunicação e a interação social. A Sociedade de Autismo da América (ASA, na sigla em inglês) o descreve assim: "O autismo é uma incapacidade de desenvolvimento complexa que costuma aparecer durante os primeiros três anos de vida e afeta a capacidade de um indivíduo de se comunicar e de interagir com os demais."

A ASA calcula que um milhão e meio de adultos e crianças tenham autismo no momento e que esse número esteja subindo vertiginosamente. Os Centros de Controle e Prevenção de Doenças relataram em 2009 que o autismo afeta uma em cada cem crianças. Quando Margaret nasceu, os pesquisadores achavam que esse índice era de um em cada dez mil nascimentos. O autismo atinge todos os segmentos raciais, étnicos e socioeconômicos e tem quatro vezes mais possibilidade de acometer meninos do que meninas. A maioria dos doentes é diagnosticada, como foi minha irmã, com cerca de três anos de idade.

Um grupo nacional de apoio, o Autism Speaks, faz um prognóstico bastante claro em seu site: "Não existem, atualmente, meios eficazes de prevenir o autismo, bem como não existe qualquer tratamento plenamente eficaz nem cura."

O autismo não é algo que o indivíduo supere, embora, dependendo da gravidade do distúrbio, seja possível aprender estratégias para lidar com seus sintomas. A autista mais famosa da atualidade é provavelmente Temple Grandin, que ainda luta contra o distúrbio, mas usou seu doutorado em ciência animal para se tornar professora, uma premiada designer de currais humanizados e autora de vários livros. Ela também usou sua mente científica para aprender sozinha a interagir em sociedade, algo que lhe era totalmente desconhecido.

Outros autistas, porém, jamais aprendem a falar. Muitos, como minha irmã, nunca serão capazes de viver sem uma equipe de cuidadores para ajudá-los, porque simplesmente não possuem as habilidades vitais necessárias para desempenhar sozinhos as atividades básicas do cotidiano — fazer compras no supermercado, pagar contas, cozinhar, limpar e dirigir.

A despeito de se chamar transtorno do espectro do autismo, o que significa que afeta os indivíduos de formas diversas, seus portadores apresentam algumas características em comum. A ASA e outras organizações identificam as seguintes, entre outras bem conhecidas: insistência na mesmice, resistência à mudança, dificuldade para expressar necessidades e repetição de palavras ou frases em lugar da linguagem normal. Outros comportamentos incluem riso, choro, demonstração de nervosismo sem motivo aparente para os outros e preferência pela solidão. Ataques de raiva também estão incluídos aí, bem como incapacidade de manter contato visual, comportamento estranho recorrente e apego inadequado a objetos. Margaret apresentava todos eles na infância e continua a apresentar alguns na idade adulta. Também já demonstrou uma aparente hiper ou hipossensibilidade à dor e nenhum medo real do perigo, sintomas também característicos do autismo.

Embora tenha autismo grave e apresente boa parte do comportamento difícil que dele deriva, Margaret sempre demonstrou capacidade para aprender coisas novas e para assumir um comportamento mais normal. Superou várias das compulsões bizarras da infância que infernizavam nossa vida cotidiana, como cheirar a cabeça de bebês na igreja quando voltava da comunhão ou parar no meio da multidão para passar o dedo na perna de uma mulher que estivesse usando meias de seda. Ainda que continue introvertida não ignora mais a presença de outras pessoas tanto quanto antes. Costuma cumprimentar os presentes quando entra numa sala, às vezes com mais entusiasmo, outras mais reservadamente. Aceita o contato visual e reage, da melhor forma que pode, ao que os outros lhe dizem, dependendo do seu humor no momento. Evita interagir se está estressada e vez por outra tenta nos bloquear com música, se balançando ou mesmo rasgando um papel em pedacinhos minúsculos. Essas formas de lidar com a vida, embora meio esquisitas, sem dúvida são mais benignas do que algumas coisas que os outros fazem — beber demais, beber e dirigir, entrar em luta corporal, comer em demasia, buscar a aprovação de terceiros ou mais de um dos comportamentos acima.

Não farei nenhuma declaração abrangente sobre o que Margaret é ou não capaz de fazer. De forma geral, me parece que ela é como todo mundo que conheço, que sua noção de mundo não é estática e que ela pode aprender e se adaptar a novas situações. Mas não sou especialista e não sei o que ela pensa. E simplesmente não desejo estereotipá-la, porque isso é o que todos têm feito com ela desde a infância.

Ninguém sabe o que causa o autismo, mas a noção em geral aceita é a de que anormalidades na estrutura ou na função cerebral são as responsáveis. Um estudo recente aponta uma deficiência em "neurônios espelho", células especializadas do cérebro que poderiam contribuir para a empatia e comunicação em crianças com desenvolvimento normal, e explica uma carência delas nos autistas. O que poderia, então, causar as anormalidades na estrutura, na função cerebral ou nos neurônios espelho? Genética, vacinas, alergias alimentares e toxinas ambientais são algumas das teorias mais comuns, mas ninguém sabe ao certo. Se procurarmos na internet, cada dia teremos uma teoria diferente. Uma coisa é indubitável: conforme mais e mais crianças são diagnosticadas com autismo a cada ano, mais gente quer respostas.

Autismo. Sempre levo um tempão para dizer essa palavra. Tem dez sílabas. As letras saem em espiral da minha boca para o ar. Tenho medo de dizê-la porque, quando solto a palavra, todos saberão algo a meu respeito. Quando falo "autismo", sinto o peso das letras ressoar no meu diafragma, como se a palavra estivesse tatuada na minha pele. Quando a escuto na boca de desconhecidos, na boca de professores, de celebridades, meu coração se aperta. Me sinto sozinha e próxima ao mesmo tempo, nostálgica, como se estivessem falando do lugar onde eu morava. Autismo. Olhe, estou lhe mostrando a minha cicatriz. Minha irmã tem autismo.

Autismo. Mentalmente vejo a palavra grafada em letras cursivas castanho-avermelhadas com pintinhas laranja salpicadas em um fundo bege. Autismo tem cheiro de caldo de carne em pó, de especiarias, parece o aroma de verduras desidratadas que impregnava o envelope vazio de sopa instantânea que Margaret carregou durante meses num determinado ano. Precisava apertá-lo na mão fechada onde quer que fosse, era seu talismã para enfrentar os obstáculos aparentemente insuperáveis de um dia comum: acordar, andar, comer e ouvir alguém falar com ela.

Outros talismãs surgiram depois. Durante algum tempo, foi um martelo de plástico vermelho do seu kit infantil de carpintaria. Ela andava pela casa e pelo quintal com aquela ferramenta vermelha sempre a seu lado. Em outra ocasião, foi um pedaço velho da capa de um disco preferido. Margaret o segurava diante dos olhos balançando-o de um lado para o outro, auto-hipnotizada. Mais tarde, ela o substituiu por um desgastado exemplar de capa dura de Heidi que ficava no braço do sofá. Leitores ávidos que éramos, jamais lemos esse livro, em parte por nos ser imposto, durante os vários anos em que ele estava à vista o tempo todo no braço do sofá, de preferência numa posição específica. Eu me lembro de que, quando limpava a sala, eu tirava a poeira do braço do sofá com cuidado e depois recolocava o exemplar de *Heidi* — do mesmo jeitinho. O *Heidi* era usado para girar.

Margaret cobria o joelho com o livro quando se sentava no sofá da sala e o torcia e girava em perfeita sincronia com a música que ouvia durante horas. O livro era um volante sob as mãos velozes, e ela parecia imitar nossa mãe dirigindo o carro. Não precisava baixar os olhos para manter o ritmo, navegando em meio a um mundo confuso de outras pessoas, ruídos e falas. Não dava a impressão de nos escutar enquanto se deslocava pela casa e pela nossa vida, morando em seu mundo particular e proprietária daquele canto do sofá.

No verão, ela precisava da almofada laranja de veludo cotelê na casa do lago, a fim de girá-la sobre os joelhos e atirá-la para o ar, com os pés acima da cabeça para apará-la, sem perder o equilíbrio. Ficava deitada no chão ao pé da escada, girando, atirando e chutando durante horas se a permitissem, enquanto a música saía aos berros do alto-falante no quarto vizinho. Ignorava todos que precisavam se desviar dela para subir até o andar de cima, onde ficavam os banheiros. Jamais deixou cair a almofada e, quando fez um buraco no tecido por conta de tal brincadeira, escolheu outra almofada laranja e recomeçou. As almofadas, felizmente, eram iguais para ela, algo que raramente acontece nesse tipo de situação; Margaret em geral não se deixava enganar por nossas tentativas de substituição e ficava inconsolável se perdesse alguma coisa.

Tentei o jogo da almofada certa vez e não tive sucesso. Não consegui fazê-la girar e menos ainda apará-la na queda com a mesma destreza. Margaret era a especialista. No entanto, sua maestria no jogo da almofada passou a me parecer menos bacana quando cresci o bastante para perceber que mais ninguém o jogava. Nossos amigos paravam para encará-la, espantados de ver um dos "grandes" deitado no chão e nos ignorando. "Essa é a Margaret", eu dizia, me perguntando o que eles tanto olhavam. O que havia de estranho ali? Para mim era o mesmo que dizer "Comemos cereal no café. Estão olhando o quê?"

Houve um verão em que o talismã autístico foi uma peruca velha da qual Margaret não conseguia se separar. O que um dia deve ter se assemelhado a cabelo agora mais parecia um animalzinho atropelado na estrada. Minha irmã usava a peruca o dia todo sob o sol quente de verão e a punha de volta na cabeça junto com a camisola após o banho, antes de dormir. O acréscimo da peruca à rotina da almofada a fazia parecer mais louca ainda. Tiramos algumas fotos naquele verão, a família toda amontoada nos degraus da varanda. Margaret olha para a câmera com o rabo do olho, um braço em volta do pescoço da minha mãe, enquanto cheira o cabelo dela, e, na cabeça, a peruca torta. Ela faz lembrar um figurante do Muppet Show.

Num outro ano, minha irmã ficou obcecada com uma escova de cabelo de plástico azul — a única escova de cabelo em nossa casa patologicamente espartana. Margaret precisava saber onde ela estava o tempo todo e checava várias vezes ao dia o armário do banheiro. Ela, como todos os objetos eleitos do dia, tinha que estar sempre no mesmo lugar. Se isso não acontecia, minha irmã ficava nervosa, depois enfurecida, como se aquele pequeno pedaço de plástico fosse a chave para manter seu mundo nos trilhos. E, é claro, as coisas sumiam. Numa casa cheia de crianças, nada permanece nos lugares certos.

E Margaret uivava: "Onde ela ESTÁ? Não sei onde ela ESTÁ! CADÊ A ESCOVA AZUL! VOCÊ QUER A ESCOVA AZUL! AAA-AAAAHHHH!" A gritaria durava horas, exaurindo-a e exaurindo todos à volta, como se um ciclone tivesse acabado de passar por dentro da casa.

Numa outra temporada de férias, o autismo de Margaret encontrou seu alvo numa estranha abelha negra que subia pela janela enorme da sala com vista para o Lago Coeur d'Alene. Ela jamais mostrara o mínimo interesse por insetos, mas agora estava hipnotizada. Quando a abelha picou sua mão, minha irmã mal chorou. Mesmo depois que seus olhos incharam com a reação alérgica, seu interesse era mais pela abelha do que pelo que estava acontecendo com ela. Quando, porém, tentou olhar mais de perto a criatura com um binóculo e a esmagou, foi um pandemônio. Seu autismo chorava de frustração. "A Abelha! Cadê a Abelha Preta? Não sei onde ela ESTÁ! NÃÃÃÃÃÃO! Você quer a ABELHA preta! NÃÃÃÃÃOOO!" Margaret fez o que pôde com o corpo inerte da abelha, tentando fazê-lo escalar de novo a janela. Quando isso se mostrou inútil, ficou histérica, e o corpinho da abelha se despedaçou. Tentei juntar os pedacinhos para formar algo semelhante a um inseto, mas o resultado foi tudo, menos uma abelha. Um dos meus irmãos achou uma mosca varejeira e a deu a Margaret como substituta, mas Margaret não engoliu a mentira. Continuou gritando. Milagrosamente encontramos outra Abelha Negra — morta, mas inteira — e a grudamos com cola na janela para que minha irmã pudesse observá-la. Margaret não conseguiu dormir até colarmos a Abelha Negra no interior de um copinho plástico e o colocarmos numa cadeira junto à sua cama. "Aí está ela! Okay! Tudo bem agora!", exclamou, respirando fundo e mais tranquilamente, embora ainda soluçando de vez em quando. Então o autismo adormeceu. Passados uns dias, Margaret esqueceu a abelha, e sua mente rápida, impulsiva, se concentrou em outra coisa. O copinho plástico com a abelha colada dentro juntou poeira durante semanas até que alguém achou que já era seguro jogá-lo no lixo.

Continuei buscando respostas, lendo tudo que encontrava. No meu crescente interesse por esse transtorno, percebi que o autismo pode ser muitas coisas para muitas pessoas. Para os pais de autistas, ele costuma representar uma crise, uma sentença de prisão perpétua, uma tragédia. Ser genitor de um autista causa solidão, raiva, desespero. Os pais sofrem a perda do filho que jamais terão e muitas vezes não lhes sobra tempo para o luto, por estarem sobrecarregados demais cuidando da criança que de fato têm e dos problemas dela.

O autismo também dá aos pais esperança e motivação para agir. Casamentos são fortalecidos ou desfeitos. Carreiras são destruídas ou de alguma forma esclarecidas. Amigos e parentes somem ou fazem contribuições significativas e valiosas para a família. Às vezes, uma deficiência simplesmente se mescla à realidade da vida como tudo o mais, bom ou ruim. Como Helen Featherstone escreve em *A Difference in the Family*: "Estávamos tricotando Jody e nossas novas identidades de mãe, pai e irmãs de uma criança gravemente prejudicada, para fazer disso o tecido da nossa vida normal."

Para quem tem autismo, o distúrbio é um fardo ou um desafio, algo a superar ou talvez não. Uma batalha contra o mundo exterior, um sistema. O autismo é a carência, os elementos ausentes da empatia e da intuição que permitem às pessoas se conectarem umas com as outras. É uma vida diferente, colorida pelas expectativas alheias de que o autismo significa habilidade mágica ou burrice. O autismo é uma armadilha ou um porto seguro. É um mundo de solidão e isolamento, e um lugar de criatividade. É um alvo que torna alguém objeto de abuso ou uma régua para medir conquistas através do aperfeiçoamento. Talvez seja um aspecto definidor de uma personalidade ou tão somente uma característica das muitas complexidades que constituem uma pessoa. Cada vida é diferente.

Refletindo sobre isso, eu não podia imaginar o que minha irmã pensava do próprio autismo. Quanto a mim, eu apenas tentava ver a pessoa que eu achava estar lá por trás dele.

Sempre que falo que tenho uma irmã autista, me perguntam como Margaret é. Na verdade, porém, estão querendo saber como é o autismo dela. Será que Margaret se parece com Dustin Hoffman em *Rain Man*? Será que ela tem um talento estranho para matemática? O que ela faz? Parei de tentar responder a essas perguntas não formuladas porque a verdade não faria sentido para os curiosos. A verdade é que não sei, com efeito, como explicar o autismo da minha irmã. Posso repetir a definição aceita de autismo. Posso listar novas teorias que ouço nos noticiários quase semanalmente. Mas nada disso me parece definitivo ou concreto, e nada disso parece descrever minha irmã, a pessoa em carne e osso. Tenho apenas a minha experiência como guia. E, conforme envelheço, torna-se mais importante tentar explicá-lo para mim mesma.

O autismo tem dedos longos e graciosos, varetas finas sempre em movimento, batucando de leve na mesa, no console do carro, no joelho, se juntando e rejuntando, trançando e destrançando, acalmando minha irmã enquanto ela age como seu próprio metrônomo, ecoando os sons em sua cabeça que mais ninguém consegue ouvir. Ela apara as unhas bem curtinhas, cada vez mais, às vezes a ponto de fazer sangrar os dedos, porque não as aguenta quando ultrapassam a ponta macia dos dedos. Clip, clip, clip. Margaret usa o mesmo cortador de unhas para aparar as pontas esfiapadas dos cadarços dos tênis, o que só faz com que se esfiapem mais até ela gritar de frustração.

O autismo pode ser visto em suas mãos lindas que se fecham em punho quando ela se enfurece e soca as paredes, o chão, as janelas, numa raiva sem palavras que a afasta de nós, levando-a para um lugar onde não pode ver ninguém nem ser consolada pelos que a rodeiam. Mãos quebrando vidro, arrancando a porta das dobradiças, abrindo um buraco na parede. Feridas e cicatrizes em seus pulsos oriundas de mordidas, socos, arranhões.

O autismo pode ser ouvido como um par de pés esbeltos, graciosos, esfregando-se um no outro para a frente e para trás no escuro, acordados sob os lençóis. Totalmente desperto no meio da noite, o autismo é uma risada provocada por alguma piada incomunicável. Soa como uma reprimenda sussurrada na escuridão quando minha irmã sobe as escadas vestida com a longa camisola de flanela, voltando de sua compulsiva visita ao armário de discos em busca de uma capa específica, uma, duas ou mais vezes. É a voz da minha irmã, imitando à perfeição a da nossa mãe, delicadamente a repreendendo: "Vamos, volte para a cama!" Sempre na mesma cadência: "Vamos, volte para a cama." Um-dois-três-e-quatro. "Vamos, entre no carro!" "Entre na fila da educação física!"

O autismo tem gosto de sangue na minha boca aos três anos, quando mordi o braço de Margaret para tentar fazê-la parar de gritar e depois culpei o cachorro. Sou mentirosa, uma péssima mentirosa, e me odeio. Tem o gosto metálico da raiva no meu nariz e na minha garganta quando peguei nosso vizinho implicando com minha irmã, tentando fazê-la comer cocô de cachorro. É a água gélida correndo nas minhas veias quando vi os dois meninos malvados lá do final da rua tentando fazê-la tirar a roupa na varanda da frente. Fico congelada. Furiosa. Impotente. Enfurecida.

O autismo tem a cara de todos na igreja olhando para Margaret e perguntando: "Por que não conseguem fazer com que ela pare de rir? Qual é o problema dela, afinal? Qual é o problema da sua família? Qual é o seu problema?"

Autismo. São mais de três sílabas. A palavra tem quilômetros, anos. É uma estrada que atravessa a vida da minha irmã e, consequentemente, a minha. Guiou minha família e alterou tudo que poderíamos ter sido. Faltavam apenas semanas para o meu nascimento quando todos os exames clínicos e dados de testes se juntaram em um veredicto. Autismo. Mas ele estava lá antes de mim, logo quem sabe de verdade como teria sido a minha vida sem ele? É como viver no vale de um rio cem anos antes da grande enchente e tentar entender como teria sido a vida se a trajetória da água houvesse sido desviada alguns quilômetros.

O autismo está conosco há quatro décadas, e não sei como seria Margaret sem ele. Não sou capaz de imaginar como ela seria se não carregasse o fardo de um distúrbio que dificulta tanto seu relacionamento com as outras pessoas. Quando era criança, eu fantasiava sobre a sua cura. Um dia acordaria e olharia para o lado em que ela dormia numa cama igual à minha. Sonhava que ela estaria sentada ali e que era normal, fosse qual fosse o significado disso. "Oi, Eileen!", diria Margaret. "Foi tudo só uma brincadeira." Então, eu também seria normal. Eu adorava essa fantasia e tentava ferozmente acreditar que podia se tornar realidade, deitada na cama aos sábados e observando-a por entre as pestanas. Mas jamais consegui vislumbrar como seriam as coisas após esse momento.

Jamais conheci Margaret sem as características distintivas que vêm com o autismo, mas luto para entendê-la à parte dele. Embora o distúrbio seja inquestionavelmente o fator mais determinante da personalidade da minha irmã e da sua vida até hoje, eu gostaria de poder separar os dois. Quero crer que posso entender a diferença. É difícil, porque conheci ambos ao mesmo tempo.

Ao longo da nossa infância, o autismo nunca foi mencionado sem alguma conexão com a minha irmã, e raramente Margaret era mencionada sem alguma referência a seu autismo. Agora, porém, como adulta, posso ver sua luta para driblá-lo, tentando chegar à superfície do atoleiro que a impede de se comunicar com clareza, de rir no momento certo, de explicar os sentimentos complexos por trás das lágrimas quando me encara, chorando num sofrimento mudo e terrível.

Às vezes parece possível achar uma ponte entre os nossos mundos e nos encontrarmos no meio dela. Quando o carro para junto ao meio-fio, minha irmã arranca o cinto de segurança e pula do banco do carona, gritando "Oi, Eileen!". Seu rosto se ilumina de felicidade e reconhecimento. O sol bate no cabelo castanho, avermelhando-o. Esta é a minha irmã, diz ela a si mesma. Eu a vejo atravessar o gramado, numa corridinha alegre que pode desandar em questão de minutos. No momento, contudo, seu rosto cintila de felicidade, o sol afaga sua camisa listrada quando ela corre até mim. Ela é movimento puro.

Esta é a minha irmã, digo a mim mesma quando abro meus braços para ela. Esta é minha irmã Margaret. Ela tem um transtorno chamado autismo.

Continuei a ler. Ainda buscava vozes de outros irmãos, preferivelmente mais velhos, mais experientes. Queria encontrar alguém que tivesse passado por isso antes e pudesse responder minhas perguntas. "Como você lidou com tudo isso?", eu queria saber. "E o que está fazendo agora? Consegue se relacionar com essa irmã? Ela fala com você? Você pode visitá-la? Como faz para estruturar sua vida sabendo que a dela sempre estará limitada pela própria deficiência? O que você faz com a culpa, a raiva, o sofrimento? Qual a sua responsabilidade quanto a essa pessoa como adulto? O que você fará quando seus pais morrerem?"

No início da minha investigação, li um guia para pais escrito por especialistas em medicina e terapeutas. O livro provia conselhos práticos sobre diagnóstico, tratamento e questões educacionais e até mesmo aconselhamento jurídico. Obviamente não havia sido escrito para mim. Ainda assim, me irritei quando li as reles quatro páginas dedicadas às dificuldades dos irmãos. Ali estávamos, ainda como adendo, e me senti não muito diferente de como meus pais devem ter se sentido — sozinha e desbravando o caminho.

Mas então comecei a notar uma nova tendência em livros infantis escritos para irmãos de crianças com autismo. Ao menos esta geração vem tendo algum apoio, pensei. Entrei para a Listserv, que me deu uma certa esperança, mas, depois de ler as postagens durante algum tempo, percebi que a maioria dos outros usuários eram adolescentes. Estranhei mais ainda o fato de serem só meninas, e elas parecerem especialistas em autismo. Sabendo que os meninos têm quatro vezes mais chances de ter autismo, me perguntei por que as garotas são sugadas para o papel de cuidadoras tão cedo na vida. Escrevem sobre a dificuldade de lidar com os irmãos e as realidades mais padronizadas e deprimentes de ser adolescente, mas também gastam um bocado de tempo dando umas às outras conselhos sobre tais cuidados. Fornecem dicas sobre como alterar a dieta, a medicação ou a rotina dos irmãos. Sugerem consultar o pediatra do irmão doente para ajudar a amenizar possíveis alergias. Muitas treinam conscientemente para o dia em que o irmão vai morar com elas quando os pais morrerem. Já são pequenas adultas.

Pela forma como escreviam, a impressão era de que não lhes restava escolha senão se tornarem o principal arrimo para os irmãos após a morte dos pais. Algumas não tinham mesmo. Faltavam-lhe outros parentes de quem depender, bem como apoio financeiro. E jamais haviam ouvido falar de outra alternativa. Como eu, também, até começar essa pesquisa específica. Em *Siblings of Children with Autism*, as dras. Sandra Harris e Beth Glasberg escrevem que alguns irmãos de autistas se transformam em cuidadores em tempo integral enquanto outros dão suporte acessório. Outros ainda rompem por completo os laços. "Qualquer escolha que o irmão adulto de um autista faça é legítima", dizem elas.

Mas essas garotas do Listserv eram jovens demais para fazer tais escolhas. Algumas tinham histórias dolorosas sobre irmãos mais velhos, mais fortes, jogando-as escada abaixo, quebrando seus brinquedos, puxando-lhes o cabelo e fraturando seus ossos. E todas eram tão novinhas! Claro que sabemos que os irmãos e irmãs autistas nem sempre conseguem controlar o próprio comportamento. No entanto, não tive como não imaginar como esse tipo de violência física as estava moldando e havia me moldado. O que fazer quando alguém nos espanca e nossos pais dizem "Ela não consegue evitar, não fique com raiva"?

Refleti sobre o fato de meus pais possuírem recursos e terem a previdência de dar a Margaret um lugar para morar. Agradeço por isso e, tendo visto o sucesso de Margaret em sua vida doméstica, fiquei aflita com os relatos de algumas dessas adolescentes dedicadas que afirmavam que jamais deixariam o irmão se mudar para uma dessas horríveis residências coletivas onde ficariam solitários e amedrontados. Pensei no lugar onde Margaret mora, sua casa alegre e barulhenta, seu quarto juvenil. Lembrei do seu olhar vazio ao balançar na poltrona da casa dos meus pais no ano após o ensino médio, sem ter para onde ir. Minha mãe batalhava para mantê-la ocupada, para encher seu dia, e ninguém era feliz. Pensei em como Margaret se alegrara quando arrumou um emprego de que gostava e como agora tem o poder de nos obrigar a ir embora do seu espaço quando a visitamos. "Tchau!", grita ela, animada, batendo a porta atrás de nós. "Obrigada pela visita!", diz, do outro lado da porta fechada.

Ainda penso em uma das poucas participantes mais velhas do Listserv que me escreveu. Ela tinha pouco menos de trinta anos e não fizera faculdade, pois se sentia obrigada a tomar conta dos irmãos mais novos, ambos autistas. Os pais careciam de condições para lidar com eles, me contou a moça. Descreveu-se como alguém deprimido e sem amigos. Passara todo seu tempo cuidando dos irmãos, e por isso não cultivara hobbies ou amizades. Nunca tivera tempo para trabalhar, porque cuidava dos meninos e por isso lhe faltava experiência fora de casa. Embora parecesse possível ganhar o próprio sustento mesmo nessa situação, segundo ela os pais ficavam com o dinheiro pago pelo governo mensalmente por conta da condição de cada irmão. E, na ocasião da sua última postagem, os pais tinham começado a lhe cobrar aluguel.

Essa mulher estava totalmente paralisada. O que eu poderia dizer a alguém como ela? "Você precisa ter sua própria vida se quiser ser uma cuidadora saudável para seus irmãos", escrevi-lhe. "E, se quiser cuidar deles, essa é uma escolha que você terá que fazer. Você tem todo tipo de escolha." "Não posso. Não tenho", me respondeu ela. "Nada muda." Ela parou de escrever. Sua história me fazia ficar acordada à noite. Me fazia pensar em como eu costumava acreditar que esperavam que eu cuidasse de Margaret quando envelhecêssemos, ideia que me sufocava. Só agora começava a ficar claro para mim que tal cenário seria improvável, e eu agradecia por isso, por saber o quanto essa situação me deixaria infeliz e também não agradaria Margaret.

Quais eram, então, as minhas respostas? Qual era a minha verdade? Eu não estava numa armadilha como aquela mulher, mas também não era livre. Tinha algum tipo de obrigação quanto à minha irmã, embora não soubesse ao certo qual. Margaret tinha um lar e uma família, bem como pessoas que cuidavam dela. Mas também nada disso era perfeito. Não daria uma boa matéria para um jornal, como o tipo de artigo que uma vez por ano eu lia sobre um autista que se saíra tão bem na escola que chegara a passar para uma turma "regular" e começara a fazer amizade com seus colegas "normais". E como essas crianças normais eram sensíveis e solidárias a tal ponto que os professores afirmavam ter se tornado melhores por conviver com esse fulaninho na mesma turma.

Eu já não aguentava mais ler essas histórias, que me enfureciam porque, em geral, giravam em torno de crianças bonitas e altamente funcionais. Crianças autistas que gritam durante horas e se jogam no chão repetidamente não dão boas entrevistas. Nem aquelas que rangem os dentes, cospem nos outros, mordem a si mesmas e molham as calças logo após serem levadas ao banheiro, como as crianças com quem trabalhei como voluntária na turma de Margaret no ensino médio. Mas essa é a realidade para muitas crianças autistas — uma realidade diária, difícil, para elas, seus pais e irmãos.

Esta é uma outra história não tão boa: a autista de quarenta anos que vivia sendo demitida por beliscar os outros e gritar no trabalho. Ou a mulher de quarenta anos que não consegue emprego porque aparentemente não existem empresas que tenham o coração suficientemente grande para contratar alguém que precisa de um bocado de apoio no trabalho para não beliscar quem fala demais ou não desmoronar quando o triturador de papel dá defeito. Essa era a dura realidade da minha irmã.

No contexto geral, eu sabia que Margaret tinha uma vida difícil. Mas eu também sabia que ela tinha uma vida boa. Pessoas generosas cuidavam dela, e seus pais eram dedicados. Tinha uma casa própria e amigos. Era uma atleta das Olimpíadas Especiais e medalha de ouro também, ora essa! No entanto, nada disso teria sido possível sem os anos de esforço dos meus pais e dos professores dela, sem a atenção e dedicação diárias dos funcionários da residência coletiva. E tudo tinha um preço. Eu sabia que os sacrifícios da minha família — de todas as famílias — eram incalculáveis.

Li mais livros sobre autismo, e escrevi. Comecei a entender quão cedo na minha vida o autismo de Margaret mudara quem eu sou. Ela e eu somos duas filhas de uma família de cinco filhos e, embora os outros três sejam mais próximos dela em idade, era comigo que ela contava para esperá-la quando os outros corriam para o playground. Enquanto nossos irmãos saíam em disparada para o balanço, Margaret se sentava no cobertor de piquenique, com os olhos baixos focados no nada, sem querer nos acompanhar, sequer parecendo notar que estávamos lá. Eu ficava ali na grama, entre ela e os outros, sem saber se ia para um lado ou para o outro.

Começo agora a desenrolar os fios da minha própria vida a partir do que me lembro do nosso eu duplo. Gostaria de enrolá-los em um novo novelo na tentativa de descobrir quem eu era e como o autismo me moldou. Também gostaria de ver a vida de Margaret como ela foi — apartada, completa, como um todo. O autismo era um martelo vermelho, uma escova de cabelo azul. Era raiva e lágrimas, mas também deixava espaço para felicidade. Era muitas coisas, mas uma certeza eu tinha: o autismo jamais desapareceria, ao menos não das nossas vidas.

No final daquele outono, entendi que a história ainda não tinha um fim. O autismo ainda continuava nos levando — a mim e minha irmã — numa jornada. Abarcava aqueles quilômetros e anos e montanhas que compunham a nossa jornada — Margaret, por não ter escolha, e eu, por estar escolhendo tentar conhecê-la. Comecei então a entender que estava escolhendo algo de uma forma como nunca fui capaz de fazer na infância. Sabia que ambas teríamos uma longa estrada a percorrer, mas ninguém sai disso ileso. Não sabia precisamente o que teria a lhe oferecer como irmã. Nunca fui a pessoa mais paciente do mundo e nem sempre fui boa como gostaria. Eu não era especialista em autismo ou naquilo de que Margaret precisava para se sentir mais à vontade no mundo. Mas eu era irmã dela.

Lembrei-me de uma história que ouvi da minha avó. Quando eu tinha três anos e era pequena demais para guardar lembranças, voltei até o lugar do piquenique e peguei minha irmã pela mão: "Vem comigo, meu bem", falei. "Vamos no balanço. Vai ser divertido."

Isso era tudo de que eu dispunha para me inspirar a seguir em frente. E teria que bastar.

6. A ovelha está entre a mesa e o hambúrguer

Não é essencial ter o dom especial da inteligência para ser alguém com quem os outros adorem conversar. A capacidade de demonstrar interesse em outra pessoa e expressar as próprias ideias e sentimentos de forma clara e simples basta para uma conversa trivial.

— "Como se expressar", GUIA DE ETIQUETA DE EMILY POST

— Por que você não cala a boca? — Ouvi minha irmã mais velha resmungar, antes de me olhar de soslaio. Meu rosto corou de vergonha e constrangimento, mas devido a algo mais complicado também. Arrependimento, o desejo de ser compreendida como uma pessoa melhor ou o desejo de ter sido, com efeito, uma pessoa melhor. Margaret estava sentada na avantajada cadeira de balanço na minha sala, recusando-se a vir para a mesa e comer com os demais funcionários da sua residência coletiva que concordaram em passar na minha casa para que Margaret e eu nos víssemos. Será que essa tinha sido mesmo a minha expectativa ao programar a visita?

— Margaret, você não quer um sanduíche?

A pergunta veio de Tami, a chefe da equipe. Minha irmã mais velha meneou a cabeça e, voltando a olhar para mim, disse baixinho:

— Por que você não cala a boca?

Minha irmã Margaret tem uma memória complicada, cheia de gavetas escondidas e cadeados mágicos. Dentro dela existe uma capacidade estranha para recordar minúcias bizarras e uma incapacidade para registrar muitas ocorrências cotidianas, uma excentricidade que pode tanto ser engraçada quanto provocar lágrimas. Se eu ligar para ela neste minuto, por exemplo, provavelmente ela se sentará ao lado do telefone e o deixará tocar. Talvez chegue mesmo a se levantar e se afastar. Ela não possui um detonador social nem uma urgência interior que a leve a reagir ao som da campainha estridente da forma como acontece com o resto de nós. Esse prenúncio de comunicação simplesmente não lhe diz coisa alguma.

Por outro lado, ela pode recordar a todos, do nada, que o nosso cãozinho dachshund morreu. "Louie morreu", diz ela. "Louie morreu." É verdade. De fato, Louie morreu faz tempo. Já era bem velhinho quando nasci, um dachshund miniatura um bocado ranzinza. Mesmo assim, eu o amava com uma paixão infantil e lamentei imensamente sua morte.

Anos depois, Margaret costumava chegar à porta da cozinha, que dava para a sala onde ela estava ouvindo música, e dizer: "Oi, mãe. Oi, mãe... Mãe? Louie morreu, mãe. Louie morreu, mãe." Minha mãe nem precisava erguer os olhos do que estava fazendo. Respondia mecanicamente: "Sim, Margaret. Louie morreu." E Margaret voltava para a sala. Minha irmã não estava afetivamente ressuscitando a lembrança do cachorro nem partilhando o luto pela perda do nosso primeiro animal de estimação. Queria apenas ouvir minha mãe repetir essa frase para ela. Louie morreu na década de 1970, e Margaret ainda é bem capaz de trazer à tona sua morte no jantar de Natal ou da Páscoa, sem qualquer motivo aparente. "Louie morreu. Louie morreu, Eileen. Eileen, Louie morreu", diz ela. E não sossega até que alguém reaja. "Sim, Margaret. Isso mesmo. Louie morreu." A ideia está trancada em sua memória e brota de vez em quando como o despertador no quarto de hóspedes que alguém se esqueceu de desligar.

Os médicos especialistas chamam esse tipo de coisa de ecolalia, comportamento classificado como uma compulsão comum nos autistas. O escritor Kamran Nazeer, ele próprio autista, o descreve como um desejo de coerência local: "Uma preferência por uma forma limitada, imediata, de ordem, como proteção contra a complexidade ou a confusão."

Isso pode ser verdade quanto à ecolalia, mas na nossa família a repetição dessas frases quase sempre era o único tipo de conversa que podíamos ter com minha irmã, o que era bem-vindo. E, ao longo dos anos, esses tiques verbais, as coisas de que Margaret se lembrava, se acumularam para virar uma espécie de catálogo histórico para a família. Como tal, passei a pensar em Margaret como a arquivista da história familiar, que não consiste propriamente em uma sequência linear de viagens e comemorações, férias e dias festivos, como costuma acontecer com famílias normais. Em vez disso, nosso passado coletivo é feito de coisas que minha irmã falou, fez e depois recordou — o bizarro e o corriqueiro, o histérico e o comovente.

Assim, por exemplo, numa Páscoa em que Ann ligou para me convidar para jantar, parei e disse "Missa-de-Pás-COA!" e ambas caímos na gargalhada, lembrando de uma dada manhã de primavera em que mamãe estava lutando para aprontar Margaret para a missa:

— Meu bem, está na hora de irmos à missa de Páscoa.

Nossa irmã se irritou, batendo com os pés no chão, resistindo e gritando:

— Missa-de-Pás-COA! — ecoou, com raiva, a voz doce de mamãe.

Nenhum de nós jamais conseguiu falar "Páscoa" sem, no mínimo, pensar nisso. Igualmente, neste verão, eu estava com meu irmão na mercearia escolhendo um molho para salada. De repente, nós dois falamos "OSSINHO-DA-SORTE!" rindo um para o outro. Margaret costumava dizer o mesmo, balançando uma das mãos no ar — feliz ou irritada, não consigo me lembrar —, e Larry e seus colegas da faculdade de direito mantiveram o hábito vivo todos esses anos. Assim, duas décadas depois, lá estávamos os dois rindo na mercearia. Agora somos os dois que chamamos atenção, mas já não nos importamos.

Ao longo dos anos, esses episódios se tornaram a cola improvável que unia a família, às vezes porque ríamos todos e em outras porque sentíamos vergonha do que quer que Margaret estivesse dizendo. Fosse qual fosse o caso, embarcávamos juntos, e quase sempre esse era o tipo de cumplicidade familiar que tínhamos. Parecíamos sobreviventes do mesmo furacão, estranhos que se agarravam uns aos outros num alívio bobo depois de passada a tempestade. O riso era a nossa forma de encontrar a saída do que, não fosse por isso, seria um labirinto escuro e interminável de pequenos desastres, como "Coelhinho da Páscoa, o que trazes para mim?".

Essa foi uma das músicas animadas que Margaret aprendeu na aula de canto na escola pública que frequentava. Minha escola católica, que me levaram a crer que fosse superior em ensino e espiritualidade, não contava com um programa de educação especial. Por isso, Margaret entrava no ônibus escolar da escola pública toda manhã "à paisana" enquanto o resto de nós descia o morro vestindo nossos cardigãs vermelhos e calças de brim azul do uniforme. Na aula de música, entoávamos hinos religiosos. Ficávamos lado a lado com os outros soldadinhos de Cristo, obedientemente cantando louvores a Deus no refeitório escuro e úmido, com seu perpétuo odor de mortadela e bananas provindo de nossas lancheiras.

Margaret não. Seu repertório era cheio de músicas alegres que não falavam de Deus. Afinal, ela estava na escola pública. Por isso, enquanto a época da Páscoa nos fazia cantar a alegria da ressurreição, a turma de Margaret se alegrava com a expectativa de ganhar de presente ovos de Páscoa:

Coelhinho da Páscoa,
O que trazes para mim?

Um ovo, dois ovos, três ovos assim
Um ovo, dois ovos, três ovos assim

Coelhinho da Páscoa,
Que cor eles têm?

Azul, amarelo, vermelho também
Azul, amarelo, vermelho também

A canção ficou registrada no disco rígido de Margaret, que a adorava e a cantava com frequência, não necessariamente na Páscoa. Vira e mexe ela brotava, ou minha irmã punha para tocar um disco de Natal em julho, o que sempre parecia tornar ainda mais quentes os dias de verão.

Certa vez, quando Margaret, Larry e o amigo dele John estavam sentados em nossa van de doze lugares esperando nossa mãe sair de uma loja, o "Coelhinho da Páscoa" se transformou em algo totalmente diferente. Os meninos ficaram agitados, depois entediados, como acontece quando se é uma criança esperando que um adulto termine alguma tarefa eterna e sem sentido. Margaret ficou ansiosa, como costumava ficar quando tinha que esperar. A ansiedade virou impaciência, e ela começou a cantar "Coelhinho da Páscoa" para expressar a frustração, batendo palmas para criar o ritmo. A cantoria passou da irritação para a fúria.

Para passar o tempo, Larry e John começaram a implicar com Margaret, o que a enfureceu de vez. A cantoria foi aumentando de volume e as palmas de intensidade, logo se transformando num frenesi de palmas e gritaria. "Lá vem o Coelhinho da Páscoa!" passou para "Lá vem o Coelhinho da Paca!". O tempo todo, Larry e John a provocavam, perguntando: "Que Coelhinho da Páscoa, Margaret? Qual?" Depois de a deixarem nervosa, os dois resolveram convencê-la a dizer: "Aí vêm os tiras! Esconde a grana!" Sabe-se lá como, quando minha mãe voltou para a van, essas duas frases haviam se fundido, razão pela qual quando os meninos indagavam "Que Coelhinho da Páscoa?", Margaret respondia "Aí vêm os tiras! Esconde a grana!".

Nesse dia específico, claro, ela estava de mau humor. Mas, conforme se passavam os meses e anos e continuávamos a lhe fazer a mesma pergunta, ela passou a rir conosco, transformando o "Que Coelhinho da Páscoa?" numa piada coletiva. É impossível que Margaret entendesse por que achávamos graça naquilo, mas aparentemente para ela era engraçado nos fazer rir. Até nossa mãe extremamente quadrada, que não reconheceria um pé de maconha mesmo que o descobrisse crescendo ao lado de suas petúnias, achava a coisa toda hilária, embora nos repreendesse enquanto ria. A última coisa que ela queria era que minha irmã exibisse esse talento em público.

As perguntas permanecem: por que agíamos assim com alguém cuja deficiência a tornava tão vulnerável? Como podíamos, tendo sido criados como bons jovens católicos, nos aproveitar da nossa pobre irmã doente? Não era uma tentativa nossa de lhe fazer mal; só estávamos sendo quem éramos. O mesmo se aplicava a Margaret.

Cerca de 40% das crianças autistas não falam. Margaret tinha mais sorte do que muitas delas, mesmo com sua comunicação limitada. Até os quatro anos, ela não disse nenhuma palavra, e depois só dizia quatro, duas delas inventadas, "quadee" e "ninga-ninga". Quando falava, exibia ecolalia, repetindo o que lhe tinham dito. Aprendeu a falar ecoando coisas que a sua fonoaudióloga dizia. A certa altura, também adquiriu o hábito de fechar a mão em concha e falar dentro dela. Minha mãe tem a teoria de que isso talvez a ajudasse a ouvir melhor o som da própria voz. Seja qual for o motivo, quando age assim, Margaret lembra um agente disfarçado da CIA falando ao microfone preso à manga da camisa. Esse hábito continua; às vezes eu a pego andando em círculos num cômodo e sussurrando dentro da mão como se tentasse adivinhar onde o atirador está para comunicar sua posição à central.

Como já mencionei, Margaret tem dificuldades com pronomes, o que também é comum entre os autistas. Por exemplo, se lhe perguntamos "Você quer café da manhã?", ela assente e responde "Você quer café da manhã". O que quero dizer é que a comunicação sempre foi difícil para minha irmã mais velha, e seus professores, os cuidadores e a família sempre tentaram todo tipo de estratégia ao longo dos anos para ajudá-la com o vai e vem da conversa e das informações.

Apetrechos de aprendizagem às vezes falhavam, como foi o caso de um livro que supostamente explicaria as preposições por meio de ilustrações de objetos diferentes ao lado, acima, debaixo e sobre outros. Minha mãe não gostava desse livro, em parte porque ele não continha objetos que podiam estar ao lado uns dos outros no mundo real. Havia, em especial, uma série espinhosa sobre uma ovelha, uma mesa e um hambúrguer, todos do mesmo tamanho. Quem estivesse utilizando o livro com Margaret apontava para a página e perguntava "Margaret, onde está a ovelha?". Ela respondia roboticamente "A ovelha está entre a mesa e o hambúrguer", como haviam lhe ensinado. Jamais respondia "Ela está no meio". Nem "A ovelha está ao lado do hambúrguer e ao lado da mesa", ou "Nossa, este hambúrguer parece delicioso sentado do outro lado da mesa!". Margaret jamais demonstrou entender a relação; apenas repetia o que ouvira.

Tudo isso aconteceu há décadas, mas, quando lhe perguntei faz pouco tempo sobre a ovelha, ela disse, sem pestanejar: "A ovelha está entre a mesa e o hambúrguer", e me deu um pequeno sorriso. Quando éramos crianças, fazíamos mil vezes essa pergunta a ela e a resposta era sempre a mesma, o que nos levava a rir desenfreadamente. Minha irmã ria conosco. Não consigo atinar com o que ela achava tão engraçado nisso, mas ao menos ríamos juntos, o que era próximo do normal. Sabe-se lá por quê, mas a ovelha, a mesa e o hambúrguer permaneceram vivos ao longo dos anos, um testemunho da memória de Margaret e da nossa história coletiva, no mínimo.

Como adulta, fico horrorizada de pensar nas coisas que ensinamos Margaret a repetir como papagaio, intencionalmente ou não. "Neil Diamond é uma gata" foi uma delas. "Isto é uma puta merda" era uma das minhas preferidas, que Margaret adotou e falava aleatoriamente. "Ora, Mike!" ela ainda diz, imitando à perfeição o espanto da minha mãe diante de alguma traquinagem do nosso irmão anos atrás, da qual ninguém mais se lembra.

Essas expressões eram a nossa linguagem coletiva, já que não podíamos partilhar muito mais do que isso. E elas ainda sobrevivem. Outro dia mesmo, quando eu estava andando depressa demais na minha mountain bike e quase abalroei uma árvore, um margaretismo brotou involuntariamente da minha boca vindo das profundezas da minha memória: "FILTRO-da-PUTA!", gritei — e ri alto sozinha no meio do mato. Numa manhã há pouco tempo, enquanto esperava sonolenta diante da torradeira, com um pote de manteiga de amendoim na mão, pensei com meus botões: MAN-*teiga de amendoim e ge-LEIA!* num tom cantarolante bem conhecido. A gargalhada que dei quase fez o café sair pelas minhas narinas.

Verdade, nós implicávamos com ela, mas amávamos nossa irmã e a defendíamos ferozmente dos estranhos, como os garotos malvados da casa vizinha ao importunar minha irmã que não falava, quando ela andava de bicicleta na calçada e empinava a roda dianteira para subir e descer dos obstáculos que eram meios-fios. Ou os colegas de escola que contavam piadas de "retardados". Havia também aquela temida mãe da vizinhança que, enrolada numa toalha de banho, expulsou Margaret de casa. Minha irmã simplesmente entrara na casa dela para fazer um sanduíche (de MAN-teiga de amendoim e ge-LEIA) enquanto a mulher tomava um banho de banheira. Eu lembro de ter pensado à época o que a criatura estava fazendo no banho no meio do dia, afinal? E tinha sido apenas um sanduíche!

Me ocorreu recentemente que nós achávamos essas coisas engraçadas — como a ovelha e o Coelhinho da Paca — porque podíamos controlá-las. Sabíamos que Margaret não as repetiria a menos que lhe recordássemos. Ela não diria essas coisas em público a menos que acionássemos a mola em seu cérebro que as liberava. Era uma espécie de truque de mágica conhecido de todos nós. E talvez fosse algum tipo de consolo para tudo que ela efetivamente dizia em público, as inúmeras bobagens que nos envergonhavam. Essa certeza tranquilizadora era tão significativa quanto rara; nossa infância coletiva foi cheia de imprevistos vindos da minha irmã — um número infinito de episódios mortificantes em igrejas silenciosas, shoppings lotados e cerimônias formais. Todos estão gravados a fogo em minha memória por causa do que costumo chamar de Momento Oh, Não! — aquele instante em que ficava claro que

Margaret iria explodir em gargalhadas, fúria ou impaciência e todos os olhos se voltariam para nós.

Margaret sempre deu a impressão de engatar a primeira marcha justo quando queríamos que ela ficasse quieta e passasse despercebida. Esse tipo de situação é especialmente difícil quando se está na adolescência — uma época da vida em que tudo já é difícil. Cresci adepta do recurso de fingir que o que estivesse acontecendo não me dizia respeito; tornei-me uma espécie de observadora muda da minha própria vida. A ida às compras com Margaret durante uma visita aos nossos primos de Portland foi uma dessas ocasiões. Eles nos levaram a um shopping novinho em folha, semelhante a um átrio, no centro da cidade, um shopping com uma escada rolante no meio e três andares abertos que se elevavam formando uma enorme arcada de vidro com eco. Quando saímos da escada rolante no último andar, Margaret se debruçou sobre o peitoril, olhou para o espaço totalmente aberto e apinhado de gente e gritou: "Tire as mãos de dentro da calça!"

Ela adorava gritar essa frase e fazia isso o tempo todo. A primeira vez que a ouviu, tenho certeza, foi numa discreta reprimenda da minha mãe, uma mulher com paciência infinita, que se preocupava com o hábito de Margaret de andar por todo lado com a mão enfiada dentro do cós da calça. Não que estivesse tocando suas partes íntimas ou algo do gênero, como as crianças costumam fazer, e como, aliás, fazia o meu professor de matemática da sexta série. Mas minha mãe sempre procurava melhorar as boas maneiras de Margaret a fim de que a filha se integrasse melhor. "A vida já vai ser suficientemente difícil para ela", dizia mamãe.

Inexplicavelmente, essa delicada correção acabou traduzida para um comando ao estilo do Mágico de Oz na cabeça da minha irmã. "Tire as MÃÃÃÃOOS de dentro da CAAAAALÇA!", trovejou ela, demorando-se na última palavra, adorando o eco no shopping. Quando meus irmãos e eu lhe dissemos para calar a boca, ela começou a rir e tornou a gritar: "Tire as MÃÃÃÃOOS de dentro da CAAAAALÇA!" E não parou de gritar até rir tão alto a ponto de não conseguir mais falar. Dobrou-se de tanto gargalhar, agarrando-se a nós enquanto a escada rolante descia. "Tire a mão, hahahahahha! Tire a mão, hahahahaha!"

Para meus irmãos e eu, o mundo todo estava observando a escada rolante chegar ao térreo, vendo-nos agarrados à nossa irmã mais velha, que urrava. Continuamos a tentar fazê-la calar a boca, resultando em sua insistência em gargalhar e gritar. Por algum motivo, Margaret sempre ria histericamente quando ficávamos enfurecidos em situações como essa. "Tire a mão de dentro da calça!", e o riso ainda ecoava atrás de nós quando fugimos do shopping, as grandes portas de vidro finalmente se fechando às nossas costas.

A igreja católica, sacra e silenciosa, era outro dos locais habituais para os shows verbais de Margaret. Meus pais aparentemente achavam que uma dose semanal de Santíssima Trindade era imperativo para sua jovem prole, sobretudo para Margaret, que, ao contrário de nós quatro, não tinha aula de religião todo os dias na escola. Quando penso sob esse aspecto, entendo por que os dois continuaram a levá-la à igreja, embora minha mãe quase sempre acabasse ouvindo o final da missa por trás das portas fechadas, no saguão com as mães de bebezinhos, acompanhada de Margaret.

Mais de uma vez, minha irmã subiu ao altar e fez uma interpretação animada de alguma canção, inclusive de "Sim, Jesus Me Ama", antes que minha mãe saísse em seu encalço. Numa ocasião, quando um padre visitante estendeu um pouco demais a homilia, Margaret se levantou e, ecoando à perfeição a voz de censura de mamãe, disse:

— Já chega!

Surpreso, o padre parou, olhou para a congregação e, bem-humorado, disse:

— Bom, não tenho argumentos contra isso. — E sentou-se em seguida. Dessa vez, todos riram conosco.

O que também é notável no que tange a essas canções e frases é que a reprodução que Margaret fazia delas era no tom e no ritmo exatos. Toda vez que ela dizia, por exemplo, "Co-MA o seu MAL--DITO-sandu-ÍCHE!" — ecoando o nosso pai exasperado —, seu tom era imponente, enfatizando precisamente as mesmas sílabas. Seu talento para tons e ritmos era incrível e daria inveja a alguns músicos. No entanto, essa habilidade podia sair pela culatra, já que ela não tolerava qualquer música que estivesse desafinada, ainda que só um pouco, como nas apresentações de músicos visitantes em missas festivas. Quase sempre dava para contar que algum estudante universitário cheio de espinhas desafinasse em seu solo de trompete em "Noite Feliz". Embora o resto de nós sorrisse meio sem graça e pedisse a Deus para o rapaz não tocar todas as estrofes dessa infindável música de Natal, minha irmã ficava apoplética. Na primeira nota desafinada, ela enfiava os dedos nos ouvidos, fechava os olhos e gritava para abafar o som.

Para ser justa, era o que todos nós também tínhamos vontade de fazer. Mas, quando alguém está tentando dar o melhor de si, não é educado demonstrar que a pessoa é péssima naquilo. Minha mãe se esforçava para calar minha irmã. Todos sentados por perto fingiam que nada estava acontecendo, enquanto os que estavam distantes esticavam o pescoço para nos olhar. O jovem trompetista padecia pelo restante da música, ciente de que, assim que pegasse seu instrumento, aquela garota maluca no terceiro banco gritaria feito um alarme contra furacão e os demais membros da família olhariam para o chão, para o banco à frente, para qualquer lugar menos uns para os outros. Porque, se olhássemos, desabaríamos de vergonha e de tanto rir.

No histórico das perturbações profanas da minha irmã, um surto em igreja merece destaque no Panteão da Vergonha da Família Garvin. Aconteceu num domingo, naquele momento da missa católica em que os presentes se viram para os que estão próximos e estendem a mão, dizendo "a paz de Cristo". Quando criança, eu adorava essa parte, porque já estávamos ali sentados na penumbra há quase uma hora e era um alívio poder levantar, me mexer, falar com os outros e até mesmo bocejar ostensivamente sem que notassem. Fico me perguntando se o pessoal do Vaticano II não terá acrescentado esse pedaço para garantir que todos acordassem antes do fim da missa.

Minha mãe estava sempre ao lado de Margaret a fim de facilitar esse processo, lembrá-la de estender a mão, dizer-lhe o que falar.

No entanto, nesse dia específico, mamãe deve ter virado as costas por uma fração de segundo para cumprimentar alguém. Margaret tinha ao lado dela no banco uma senhora idosa e baixinha de cabelo branco azulado que, felizmente, ouvia muito mal. Quando a mulher estendeu a mãozinha macia e disse "a paz de Cristo, meu bem", minha irmã agarrou a mão estendida e a balançou para cima e para baixo enquanto exclamava "Vou lhe dar uma PORR..." e teria concluído "...ADA agora mesmo" se mamãe não se virasse de imediato e lhe tapasse a boca sem hesitação.

Nossa mortificação foi tamanha que ficamos todos, por sorte, olhando para o chão durante o restante da missa e, por isso, não vimos nossos amigos e os pais, sentados alguns bancos à frente, sacudindo os ombros e mal conseguindo conter o riso. Teríamos desejado morrer. Nenhum de nós jamais conseguiu esquecer esse episódio, e tenho certeza de que quem quer que tenha ouvido o que se passou também não esqueceu. Margaret, igualmente, parecia pensar nele de vez em quando. Enquanto ainda morava com meus pais, ela chegava à porta da cozinha com a frase estapafúrdia "Trate de ficar calada na igreja, mamãe". "Isso é BOM comportamento." Depois, aguardava a confirmação: "Muito bem, Margaret. Isso é bom comportamento." E voltava, em seguida, para a sala.

O talento vocal e a memória de Margaret podiam ser, alternadamente, hilários e mortificantes quando éramos mais jovens. Mas, por ocasião da minha mudança para o Oregon, percebi o quanto tudo havia mudado. O que um dia tinha sido fonte de constrangimento e estresse se suavizara, transformando-se em uma lembrança agradável. Minha vida tranquila de adulta não incluía mais os choques e correrias derivados das ações da minha irmã. Eu ia a lojas, lugares movimentados e jantares festivos como qualquer outra pessoa. Ninguém ficava me olhando ou olhando para quem estava comigo. Nenhuma das minhas companhias corria o risco de se atirar no chão, chutando e gritando no meio de uma loja. Ninguém dizia "Oi, Eileen" altas horas da noite de uma forma tão natural quanto como se estivéssemos lado a lado num banco do parque ao meio-dia. Ninguém surgia nua na sala quando eu recebia amigos, rindo ou chorando por conta do próprio sutiã marrom. Eu podia passar horas sentada à mesa sem que me atirassem comida ou cuspissem em mim ou carregassem meu prato embora antes que eu terminasse de comer, insistindo que era hora de ir embora.

No entanto, também descobri que nenhum dos meus amigos se agarrava ao meu pescoço num abraço de urso. Ninguém me jogava no chão da sala de tevê e rolava comigo, gargalhando e me dizendo "Não SOU seu meLÃO!". Quando eu estava sozinha em casa, ninguém botava discos para tocar criando a trilha sonora do meu dia — Ella Fitzgerald, Simon & Garfunkel, Electric Light Orchestra, Arthur Fiedler's Pops. Depois de um beliscão, ninguém ficava se desculpando sem parar com o abraço mais carinhoso do mundo, o mais doce beijo no rosto, antes de me beliscar de novo.

Descobri que sentia falta da loucura e da animação que Margaret injetava em minha vida. Como na vida de qualquer pessoa, o bom e o ruim do passado há muito eram história, e eu tinha apenas lembranças daquela época. E, embora o passado vez por outra ecoasse em mim, nem sempre era o que eu queria ouvir.

Foi no meu segundo verão no Oregon que ouvi Margaret se recusar a almoçar comigo. Eu vinha mantendo com ela um contato mais regular através dos funcionários da residência coletiva, na tentativa de achar meios para nos conectarmos melhor. Assim, descobri que ela iria passar uma semana de férias no litoral com um dos colegas da casa e uma dupla de funcionários, passando no caminho pela minha cidade. Pedi a Tami para levar Margaret para me visitar. Ela concordou e programou uma parada para o almoço na viagem até o litoral.

No dia marcado, esperei, nervosa e empolgada. O horário do almoço veio e se foi. Horas mais tarde, Tami ligou para explicar que eles haviam perdido a saída na autoestrada e tinham acabado pegando um caminho diferente, mais longo. Combinamos, então que eles fariam a parada no caminho de volta.

Uma semana se passou e novamente me vi aguardando junto à porta de entrada a chegada da minha irmã, mais ou menos convencida de que mais uma vez ela não apareceria. De repente, porém, chegaram todos. Margaret era só sorrisos e entusiasmo a princípio. "Oi, Eileen!", disse, abrindo a porta do carro e pondo um pé na calçada antes que o veículo parasse de todo. Arrancou o cinto de segurança, pulou do assento e me deu um enorme abraço e um baita sorriso antes de entrar esbaforida na casa.

Enquanto o amigo e os dois funcionários ainda desciam do carro e se apresentavam, Margaret fez um rápido tour pela minha casa. Nós a seguimos devagar e entramos na casa ao mesmo tempo que eu indagava sobre a viagem e se estavam com fome, e eles me contaram sobre o desvio de três horas na viagem de ida. Quando entramos, encontramos Margaret na sala, esparramada numa grande cadeira de balanço, alheia a todos nós.

Eu pusera a mesa com antecedência, mas, pouco antes da chegada deles, pensei melhor e levei tudo para a cozinha, tornando o almoço mais informal. Muita pompa deixa Margaret nervosa. Os dois funcionários — Tami e Teri — fizeram sanduíches para eles mesmos e para o colega caladão de Margaret, Ken, mas minha irmã se recusou a se sentar à mesa. Simplesmente continuou de olhos baixos e apenas balançou a cabeça quando lhe perguntaram se estava com fome.

— Não! — respondeu.

Eu a conhecia o suficiente para deixá-la em paz. Sabia o que podia acontecer se tentasse tirá-la daquela cadeira. Ao menos eu achava que sabia. Achei que ela ficaria nervosa e começaria a gritar, talvez até mesmo corresse para o carro e insistisse em ir embora.

Tami e Teri ficaram confusos.

— Ela estava tão animada de manhã com a ideia de vir... — disse Tami, que me contou que Margaret se levantara, tomara banho e ficara pronta antes de o sol nascer.

Mas eu sabia que não era isso. Provavelmente Margaret não estava empolgada para me ver, mas, sim, ansiosa para dar logo conta do "programa". Minha casa era a última parada no caminho de volta. Com certeza, seu desejo era encerrar a viagem na ordem programada, só isso. E era basicamente assim que toda a nossa ansiosa família se portava no último dia de férias. Parecíamos esquecer como tínhamos nos divertido e pensávamos: "Que droga! As férias já estão quase acabando! É melhor voltar logo pra casa de uma vez!"

Mas não falei nada. Apenas observei Margaret e ouvi Tami e Teri falarem da semana passada na praia. Ouvi coisas que minha irmã jamais poderia dizer: datas, horários, nomes, acontecimentos. O grupo se hospedara bem próximo ao mar em Lincoln City, no Oregon, um lugar que costumávamos visitar nas férias de primavera com meus pais. Os quatro passaram a semana caminhando na orla, vendo gente soltando pipa, pondo o pé nas águas frias do Pacífico e descansando.

— Margaret de fato gostou das caminhadas — disse Tami.

— Ela gostou do vento — acrescentou Teri. — Ficava dizendo: "Está soprando!" Você sabe como ela faz isso, não é?

Eu sabia. Dava para vê-la de pé na praia, sorrindo para o vento e apontando um dedo comprido e gracioso para o céu. A imagem me fez sorrir. Tornei a olhar para Margaret, mas ela desviou os olhos quando me viu olhando.

O colega de Margaret, Ken, que também é autista, sempre me parece extremamente nervoso quando o encontro. Estava um tantinho assustado sentado ali na minha mesa. Eu jamais ouvira o som da sua voz, mas o rosto dele era muito bondoso. Mesmo nesse dia, sempre que eu dizia "Oi, Ken! Tudo bem?", ele apenas me olhava com os olhos esbugalhados e tentava sorrir. Ken comeu parte do sanduíche e estava tomando em grandes goles o refrigerante, quando Tami disse:

— Ken! O que nós já falamos sobre beber mais devagar?

Tami passou-lhe então um sermão paciente explicando a necessidade de Ken beber devagar para não se sentir mal. Ken, muito contrafeito, assentiu com vigor, amassou a lata de refrigerante com uma das mãos e arrotou.

Durante essa conversa, Margaret se levantou e correu para o banheiro como se estivesse atrasada para um compromisso realmente importante. Voltou ainda puxando o zíper da calça, o que provocou uma leve reprimenda de Tami sobre a importância de fechar as calças antes de sair do banheiro. Insistiu com Margaret para voltar e lavar as mãos, o que Margaret fez com enorme urgência.

Achei que Tami provavelmente repetia tudo isso para os dois com frequência. Quando morava com Margaret, eu também repetia: "Cubra a boca quando tossir, Margaret. Diga Por favor, pode me passar o pão? Feche a boca para mastigar, Marge. Espere a sua vez. Diga 'Desculpe'. Vista-se antes de abrir a porta do banheiro. Não empurre as pessoas." Era como ter uma criança em casa o tempo todo, uma criança que não aprende jamais, e, para mim, era frustrante repetir as mesmas coisas sem ver qualquer mudança no comportamento da minha irmã.

Observando Tami, pensei que isso era algo que sempre imaginei que fosse acabar fazendo — cuidar da minha irmã. Quando tinha meus vinte e poucos anos e me perguntavam quando Brendan e eu teríamos filhos, na minha cabeça eu pensava que precisava me manter disponível para quando tivesse que cuidar de Margaret. Mesmo anos depois de Margaret estar morando na residência coletiva com profissionais habilitados, no fundo era como se esperassem que eu me preparasse para ser sua cuidadora. Não sei dizer por quê. É uma péssima ideia por inúmeras razões, inclusive devido à minha personalidade. Felizmente, jamais me pediram isso. Alguns pais simplesmente pressupõem que os outros filhos assumirão tal tarefa quando chegar a hora — sem reconhecer que esse é um encargo monstruoso que altera por completo a vida de alguém.

Nossos pais tiveram a consciência e os recursos necessários para preparar o futuro de Margaret no longo prazo. Trabalharam duro para lhe dar uma vida estável e sustentável, inclusive uma equipe profissional 24 horas por dia. Mesmo assim, minha culpa de sobrevivente ainda me assaltava vez por outra, indagando o que eu deveria estar fazendo pela minha irmã, já que minha vida era tão mais fácil que a dela. Mas, observando Tami, simplesmente agradeci por Margaret contar com funcionários tão pacientes e atentos dispostos a lhe oferecer os mesmos conselhos cuidadosos e a lhe dar alguma liberdade pelo fato de estarem lá para a apoiarem.

Sentamos à mesa de jantar, comendo nossos sanduíches e falando de amenidades, enquanto Margaret se balançava na cadeira a alguns metros de distância. Houve uma pausa na conversa e ouvi minha irmã dizer: "Margaret, por que você não cala a boca?" Foi um resmungo para si mesma, com os olhos fixos no chão. E, mesmo tendo sido em voz baixa, eu a ouvi perfeitamente, porque se tratava de uma imitação perfeita da minha voz de adolescente. Embora não me lembrasse de ter dito isso a ela, tenho certeza de que o fiz — e de forma pior — enquanto crescíamos. "Cala a boca, porra!" me vem à lembrança. E mesmo "Puta que pariu, Margaret, dá pra calar essa boca!" num humor mais eloquente e frustrado. Talvez tenha sido quando ela já estava gritando há horas e batendo com a cabeça na parede, na porta, no chão. Talvez tenha sido quando ela estava rindo feito palerma na mesa de jantar e eu não conseguia começar uma conversa com a nossa família já tão ruidosa. Não me lembro, mas quanto a ela não há dúvida.

Margaret me olhou de soslaio e repetiu, com a mesma clareza: "Por que você não cala a boca?" Olhei para Tami e Teri, que olharam para minha irmã, mas nada disseram. Perguntei-me se ela dizia isso o tempo todo ou apenas soltara agora por estar comigo. Eu não sabia o motivo. Não sabia se ela se irritara comigo porque eu invadira suas férias ou se apenas estaria ansiosa. Talvez fosse uma frase sem sentido que ela atribuía a mim. Talvez realmente quisesse que eu calasse a boca. Fosse qual fosse a razão, me senti idiota ao ouvir essa frase de efeito que ficara registrada em sua memória por todo esse tempo. Era uma inversão da sensação conhecida — vergonha dos surtos públicos de Margaret —, porque dessa vez eu não podia culpar ninguém, exceto a mim mesma.

Enquanto terminávamos de lanchar, Margaret ficou se balançando na cadeira e rasgou em pedaços um anúncio vindo pelo correio. Perguntei se ela queria conhecer meu jardim, achando que talvez gostasse de um lugar mais tranquilo. "Sim", respondeu ela e pulou da cadeira. Porém, logo que saímos para ver o jardim, ela ficou nervosa e quis voltar. Correu para a casa e disse, muito educadamente: "Você quer ir embora agora, por favor, Tami." Não foi uma pergunta. Nada mais havia a fazer depois disso. Tami, Teri e Ken tinham comido, e Margaret deixou claro que queria partir. Não havia motivo para ficar. Afinal, aquela era uma visita de família.

Minha irmã se animou imediatamente quando Tami concordou que era hora de ir embora. Veio correndo se despedir de mim antes que os outros se levantassem da mesa. Ganhei um enorme abraço, dado por um braço apenas, e ela encostou o rosto no meu. "Tchau, Eileen! Obrigada pela visita! Obrigada pelo almoço, Eileen!", disse ela. Eu sabia que Margaret devia estar faminta, já que não almoçara, e também sabia que era provável que tivesse dor de estômago se não comesse. Por isso ofereci uma barrinha de cereal para ela comer no caminho e me vi grata quando a oferta foi aceita.

"Okay, Eileen! Tchau, Eileen! Obrigada! Foi bom te ver!" Margaret continuou repetindo isso e acenando para mim, enquanto caminhamos até o carro. Abracei-a de novo e me despedi dos outros após dar instruções a Tami de como chegar à estrada. "Tchau, Eillen!", continuou Margaret, mesmo depois que o carro começou a andar. "Obrigada por ter vindo!", gritou da janela, parecendo tão alegre, mais feliz que nunca por poder ir embora. Mas não é assim que acontece às vezes com a família? A melhor parte da visita, quando sentimos ao mesmo tempo afeição e alívio, é quando entramos no carro para ir embora.

Poucos dias depois dessa visita, recebi um cartão pelo correio, nitidamente ditado por um dos funcionários da equipe, porque Margaret em geral não escreve frases completas. Na caligrafia grande e característica de Margaret, a seguinte mensagem ocupava duas páginas: "Esta é uma fotolafria de você e eu. Gostei muito de encontrar você. Gostei da sua casa. Beijo Margaret Garvin." E mais um MARGARET GARVIN!!! cercado de estrelas. Junto do cartão veio uma foto tirada por Tami. Margaret mostra seu sorriso forçado, aquele sorriso-para-fotos, e eu estou inclinada sobre ela com expressão preocupada.

Grudei a foto na geladeira e guardei o cartão numa caixa de cartas, agradecida pelo fato de a equipe ter ajudado Margaret a me escrever e tentando enterrar minha preocupação com a ortografia da minha irmã. Comecei a responder, mas depois pensei: *Que sentido tem isso?*, imaginando o que significaria para ela receber uma correspondência minha. Será que sabia onde eu estava? Entenderia o conceito de manter contato? Essas perguntas me deprimiram durante dias, mesmo quando eu tentava me sentir feliz por termos nos encontrado, em lugar de lidar com a minha mortificação de ser a Irmã Cala a Boca.

Nas semanas seguintes, me peguei lendo mais sobre autismo, prosseguindo na busca por informações sobre irmãos de adultos autistas. Um livro tinha um pequeno capítulo sobre os relacionamentos entre irmãos. Nele, um genitor comentava: "Quando explicamos à nossa filha que as crianças autistas quase sempre têm dificuldade para reagir a outras pessoas, creio que ela ficou aliviada. Às vezes me pergunto se ela não culpava a si mesma pela falta de um relacionamento." Ao ler isso, me lembrei de que existe um terceiro envolvido aí, e seu nome é autismo. Por isso guardei parte da minha culpa no arquivo morto onde fica também minha autopiedade e resolvi que continuaria tentando com Margaret para ver no que daria.

Passados alguns dias, o inesperado aconteceu. Recebi uma mensagem da minha irmã na secretária eletrônica. Isso era novidade. Ouvi uma respiração pesada ao telefone. Depois escutei a vozinha monótona dizer: "Alô... Alô... Sim." Ao fundo consegui ouvir a voz de uma jovem: "Diga alô à sua irmã. Diga 'Oi, Eileen!'" Margaret obedientemente repetiu: "Oi, Eileen!" e desligou.

Liguei de volta e falei com a jovem, Alicia, que era uma nova funcionária da residência coletiva de Margaret.

— Ela vivia me chamando de Eileen, porque nossos nomes soam meio parecidos — disse ela. — Por isso achei que Margaret podia estar com saudades de você. Perguntei se queria ligar, e ela respondeu que sim.

Será que Margaret realmente quis falar comigo? Se fosse um cavalo dado, eu jamais olharia seus dentes. Conversamos alguns minutos, e Alicia me pôs a par do que Margaret andava fazendo. No final, ela me perguntou se eu queria falar com a minha irmã. Hesitei. Margaret e eu não nos falávamos por telefone. Minha família, para começar, não era muito habilidosa nesse meio de comunicação, mas Margaret realmente odiava telefones. Eu tinha certeza de que ficaria agitada e desligaria na minha cara em cerca de cinco segundos. Mas pensei: "Ora, dane-se. Estou habituada a levar o telefone na cara."

— Claro — respondi, e Alicia passou o telefone para Margaret.

Dissemos alô e perguntei o que andava fazendo, sabendo que havia tido uma aula de computação naquela manhã. Ela fez uma pausa:

— Você fez uma caminhada — respondeu com firmeza.

Levei um segundo para me dar conta de que Margaret se referia à nossa excursão ao Monte Spokane.

— Isso! — exclamei, feliz por ela se lembrar. — Fizemos uma caminhada no verão passado. Mas o que foi que você fez hoje? Teve aula de computação?

— Sim.

— Foi divertido?

— Sim.

— Tinha mais alguém?

Silêncio.

— Quem estava na aula, Marge?

— Você teve aula de computação.

— Você quer fazer uma caminhada um dia destes?

Silêncio.

— Adorei você vir me visitar com Tami, Teri e Ken.

Silêncio.

— Marge, você se lembra de ter vindo à minha casa? Sabe onde eu moro?

— Sim.

Essa era uma conversa bem típica. Sim e Não são respostas padrão para minha irmã. Se lhe perguntarmos se ela quer panquecas ou ovos no café da manhã, ela provavelmente responderá sim, quando na verdade o quer é uma tigela de cereais. Não faço ideia do que se passa na cabeça dela a maior parte do tempo. Essa é a dificuldade de manter um relacionamento com um autista grave. Ultimamente ela parecia sempre querer sair comigo quando eu aparecia, mas às vezes eu não tinha certeza se isso a fazia feliz ou não, se eu devia ou não dar bola ou simplesmente deixá-la em paz. Nosso último encontro me deixara com menos certeza ainda, mas meu desejo era continuar tentando, por isso lhe perguntei de novo por telefone.

— Margaret, onde eu moro?

Ela hesitou e depois respondeu:

— O rio.

— Sim, o rio, em Hood River! Isso mesmo. Moro em Hood River!

— Hood River, Eileen — repetiu Margaret. — É HOOD River.

Fiquei ridiculamente satisfeita por ela ter essa vaga lembrança do nome da minha cidade. Eu parecia até ter ganhado uma viagem com acompanhante para Maui de tão animada que fiquei. Enquanto eu saboreava meu momento fraternal, Margaret disse:

— Okay! Tchau!

E desligou na minha cara. Ri e disse tchau para as paredes, disse tchau para ninguém e desliguei o telefone.

Ali de pé sozinha na minha casa silenciosa, um tantinho de paz se insinuou no meu coração. Por um instante me senti tão feliz quanto duas crianças na manhã de Páscoa com as cestas cheias de alegria. Fossem quais fossem as suas limitações, minha irmã se lembrou de fato de mim. Lembrou da irmã do passado recente, a irmã que eu estava me empenhando de ser. Isso me deu esperança e coragem para seguir tentando fazer parte da vida de Margaret.

Sem dúvida as coisas não haviam sido do jeito que achei que seriam, mas algumas delas eram muito melhores do que eu poderia imaginar. Jamais sabemos com certeza o que nos aguarda. Tudo que temos são os minutos e horas que vivemos agora, e precisamos construir a nossa felicidade e a nossa cura com o que carregamos em nossos bolsos. Margaret me ajudara a ver as coisas de maneira diferente e a entender exatamente como cada um de nós necessita criar o próprio caminho. Quando eu pensava em minha irmã e nas nossas vidas em constante transformação, me vinha à cabeça aquele ditado sobre os limões. Pensei comigo: se a vida nos dá ovelhas, às vezes só precisamos fazer hambúrgueres.

7. Amigos e vizinhos

A Regra de Ouro é a que conta quando se trata de convivência atenciosa e prestativa.

— "A convivência entre vizinhos", GUIA DE ETIQUETA DE EMILY POST

Minha nova casa no Oregon ficava a apenas um quarteirão de uma escola de ensino fundamental na calçada oposta à de uma creche. Alguns quarteirões depois, encontrava-se a escola de ensino médio. Da minha escrivaninha, todos os dias eu via um desfile de crianças, adolescentes e pais na parte da manhã e depois de novo à tarde. Na hora do almoço, eu ouvia o alvoroço do playground e o tom esganiçado das garotinhas testando o próprio controle sobre suas vozes. Se acontecesse de eu passar por ali na hora do recreio, eu as flagrava em concursos de gritos sem qualquer objetivo senão o de tentarem ser aquela que gritava mais alto. Elas se inclinavam para a frente, fechavam os olhos e soltavam um grito tão forte que eu temia que perdessem as tranças.

Para mim, era enervante essa gritaria. Me deixava ansiosa. Sentia a mesma coisa quando ouvia um bebê chorar, por causa da minha experiência com os gritos de Margaret, que, com frequência, duravam o dia todo. O bebê tem a capacidade de chorar até ficar roxo, e as garotinhas podiam gritar até o cair da tarde, e pensei em tomar uma providência. Felizmente, percebi que agir assim seria inapropriado, e por isso eu mantinha o olhar fixo na calçada e evitava o playground na hora do recreio. O primeiro verão na casa nova foi um alívio, porque era época de férias, e o silêncio voltou. Sei que pode não parecer racional, mas, ao menos para mim, foi memorável.

Certa vez, quando eu tinha dez anos, minha irmã gritou como louca o dia todo por conta da escova azul. Sim, o dia todo. Horas. Tão alto e por tanto tempo que alguém chamou a polícia. Havia muita gritaria na nossa casa na época, mas morávamos num bairro em que as pessoas não se metiam na vida umas das outras. Por causa dessa cultura de "não se meter", sei que a gritaria da minha irmã deve ter superado todos os limites para que alguém chegasse a pegar o telefone e reclamar.

Era uma tarde quente de sábado quando o carro de polícia estacionou diante da nossa casa verde de classe média alta, com seu gramado bem cuidado, postes de luz brancos e um caminho de acesso em curva. Os janelões do primeiro andar davam para as outras casas, que podiam bisbilhotar a nossa insana vida doméstica. As janelas com persianas do segundo andar estavam escancaradas, logo é fácil imaginar por que alguém chamara a polícia. Era comum ouvir os gritos de Margaret a quatro quarteirões de distância. Eu sabia disso porque certa vez, quando ela teve um surto, me afastei da casa para ver aonde precisaria chegar para não ouvi-la mais. Andei um bocado.

Um dos policiais saltou do carro e se aproximou da porta da frente, a que quase nunca era usada. Tocou a campainha e, convencido de que alguém estava sendo escalpelado vivo no segundo andar, insistiu em entrar. Assim, todos marchamos para o quarto que eu dividia com a minha irmã de treze anos.

"Margaret", disse mamãe em seu Tom Maternal Educado, que, sabe-se lá como, quase sempre conseguia usar, a despeito de há quanto tempo Margaret estivesse gritando ou rindo ou qualquer outra coisa que todos nós realmente, de fato, queríamos que ela parasse de fazer. "Você estava gritando tão alto que a polícia veio ver se está tudo bem."

Margaret sequer olhou para ela, nem para o policial, a bem da verdade. Sua cabeça estava em outro lugar, pensando na escova de cabelo e na crise que seu sumiço detonara. O policial atravessou o cômodo e se agachou ao lado da cama, ficando no mesmo nível de Margaret. Era possível ver que era um bom homem, jovem, sério e bonito. Queria saber se minha irmã estava bem. Tudo ia dar certo, ele lhe disse. Será que ela podia explicar o que tinha acontecido? Minha irmã virou a cabeça para olhá-lo e respirou fundo.

O dia em que a polícia apareceu na nossa casa foi, por coincidência, o mesmo em que os pais da minha amiga Michaela resolveram não se mudar de volta para a Califórnia. Não estou dizendo que os dois acontecimentos tenham relação, mas na época esse tipo de coincidência assumiu para mim um significado mágico e ajudou a justificar as crises incessantes e terríveis que o autismo provocava na minha família. Décadas depois, me surpreendi por recordar esse dia específico, mas percebi que fui seduzida pelo poder de pequenas delicadezas de amigos e vizinhos. Percebi como eles deixaram marcas indeléveis nas nossas vidas.

A infância pode parecer interminável. Quando tinha dez anos, eu achava impossível que alguma coisa na nossa vizinhança viesse a mudar. As casas à nossa volta constituíam as fronteiras do nosso universo e delineavam a forma como as pessoas viam a nossa família. A de tijolos vermelhos ao nosso lado era alugada, em geral ocupada por gente amistosa, mas que mantinha uma distância educada e jamais se demorava muito por lá. Na casa depois dessa, moravam nossos avós postiços, que sempre tinham tempo para nós e abriam a porta antes mesmo de batermos; sabíamos que os Henrys nos adoravam.

Os Waldrons, do outro lado da rua, tinham mais idade e estavam menos interessados em brincar conosco, mas eram sempre agradáveis. Os Reimans nos davam pirulitos velhos quando íamos lá assistir à tevê; a casa elegante e muito velha estava desmoronando e cheirava a naftalina. Uma outra vizinha sorria e acenava, mas fofocava a nosso respeito e dizia para todo mundo que nossos pais estavam se divorciando por causa da minha irmã. No final de um dos quarteirões havia uma casa com aparência de mal-assombrada que me dava calafrios. Era enorme e os arbustos sem poda escondiam a varanda escura. Quando eu passava, sempre ouvia o latido dos cachorrões que ficavam presos no quintal dos fundos. Mas, na verdade, não passava de uma casa triste. Sua moradora era uma mulher bonita que trabalhava muito porque não tinha marido para ajudá-la com os dois filhos endiabrados. Eu só a via indo e vindo de carro a caminho do trabalho. Jamais falou conosco e parecia não notar se acenássemos.

Muito mais gente morava nesse tranquilo bairro de classe média — amigos genuínos dos meus pais que se importavam comigo e meus irmãos e conseguiam aceitar Margaret até certo ponto, a despeito dos problemas dela. Os Youngs e os Harms, que velejavam com meus pais, conheciam minha irmã e a vigiavam, assim como vigiavam o resto de nós.

Margaret também construía seus próprios relacionamentos. Os Waldrons ofereciam bananas à minha irmã caladona, que aparecia por lá de vez em quando. Os Henrys a tratavam como tratavam a nós, recebendo-a de braços abertos em casa e mimando-a com refrigerantes e balas. E daí se ela comesse e bebesse tudo e se esquecesse de agradecer? Eles entendiam.

Anos mais tarde descobrimos que ela costumava visitar os Bates, que moravam no final da rua e cujos filhos já eram adolescentes quando estávamos no fundamental e nos intimidavam. Margaret, porém, assistia à tevê com eles e fazia sanduíches de manteiga de amendoim para si mesma na cozinha.

Um casal mais velho que morava próximo à nossa casa no lago nos contou mais tarde que Margaret os visitava e fazia biscoitos com eles quando era adolescente. Essas escapadas nos deixavam apavorados porque ela sumia durante horas. Não me espanta que não nos ouvisse chamá-la. Estava ocupada com a massa dos biscoitos.

Quando criança, Margaret não falava muito e não conseguia se expressar. Por isso imagino que esses seus amigos secretos tenham ficado surpresos quando, pela primeira vez, ela entrou sem bater e se serviu de um lanchinho sem cerimônia. Mas, por algum motivo, todos foram capazes de transcender as lacunas de uma comunicação regular e se conectar com ela em algum nível. Será que Margaret os considerava amigos ou a coisa era mais simples: uma casa com refrigerante, pessoas que lhe ofereciam bananas, os adolescentes com manteiga de amendoim, Deanna McRae com o disco de Percy Faith?

A casa dos McRae, vizinha à nossa, causou na minha irmã um grande e duradouro impacto. Em mim também. Menor e mais arrumada que a nossa, que era grande e confusa, a casa dos McRae foi a minha sala de estar substituta durante mais de uma década. Vanessa McRae, da minha idade, imediatamente se tornou minha amiga predileta em todo o universo num dia de verão em 1978, quando se mudou para a casa ao lado. E eu adorava estar com a família dela também. O ambiente doméstico de quatro pessoas era tão tranquilo comparado ao nosso! E essa ordem vinha da dona da casa, Deanna McRae. Com 1,58 de altura e 46 quilos, ela me meteu um baita medo quando a conheci.

Quando Deanna ficava furiosa com os filhos, todos na vizinhança tomavam conhecimento. Ainda ouço o som da sua voz no dia em que ela avisou a Vanessa e ao irmão, Jason, que os dois precisavam estar em casa às cinco da tarde para o jantar. "VaneSSA! JaSON! CINCO horas! Entenderam?" Posso ouvir esse aviso agora como se ainda estivesse empoleirada na árvore onde havia me escondido. Sua fúria com os filhos naquele dia era tamanha que eu simplesmente me convenci de que sobraria para mim. Mas Deanna também adorava rir e, quando ria, parecia um sol brilhando. Além disso, como adulta, entendo agora que ela não se zangava, propriamente; apenas procurava impor limites e regras que esperava que fossem respeitados. Ponto final. Na minha casa, ninguém tinha tempo para nos pastorear, e com o autismo de Margaret e o pavio curto do papai, as regras em geral eram alvos em movimento.

Deanna McRae, a seu próprio estilo, lidava com Margaret da mesma forma como lidava com qualquer um. Impunha regras e as seguia, como no caso da coleção de discos. Sem controle, Margaret atravessava correndo o caminho que separava nossas casas e entrava como um tufão pela porta lateral deles. Então, seguia para a sala de estar, abria a estante e procurava entre os discos da coleção da família aquele que viera buscar. "Percy Faith!", exclamava. "Okay! Maravilha!"

Em seguida, batia a porta do móvel e saía da casa, sem falar com ninguém e fechando a porta ao passar.

Isso não funcionou com Deanna, que explicou a Margaret que ela precisava bater, ser recebida, pedir permissão para mexer na coleção, entrar calmamente na sala e com cuidado escolher um disco. Na verdade, ela chegou a praticar o ritual com Margaret, passo a passo, elogiando minha irmã quando ela merecia um elogio. Depois de estabelecer essas regras, Deanna em geral permitia a entrada de Margaret, pelo que me lembro. Foi a primeira vez na minha vida que vi alguém conseguir fazer com que minha irmã desacelerasse. Deanna era uma espécie de encantadora de serpentes. Claro que Margaret não tinha a capacidade de desacelerar de verdade no processo todo, e o resultado era uma mistura cômica de *fast-forward* e pausa. Ela atravessava correndo a distância entre as casas e pisava no freio em frente à porta. Batia e, quando ouvia que podia entrar, escancarava a porta e desembuchava seu pedido a quem quer que se encontrasse sentado na sala.

Mesmo que não fosse Deanna, ela dizia: "Asenhoraquerdarumaolhadanosdiscos, sra. McRae?" Após receber permissão, andava o mais rápido que conseguia sem correr e punha mãos à obra. Quase sempre batia a porta ao sair e, recordando a regra, entreabria a porta e dizia: "Você não pode bater a porta!" Tendo se desculpado, Margaret batia de novo a porta.

Vez por outra, minha irmã se esquecia e adentrava a casa em disparada, mas Deanna a obrigava a voltar e repetir a cena. E Margaret obedecia. Parecia mágica.

Deanna era durona, mas eu sempre sabia o que esperar dela, assim como Margaret também sabia. Quando já estávamos no ensino médio, a maioria dos amigos dos meus pais já se habituara a Margaret, mas a minha sensação era de que muitos não sabiam de fato o que fazer se ela se comportasse mal na presença deles. Não tinham culpa disso. Nós também não sabíamos o que fazer. Simplesmente tentávamos de tudo e nada funcionava, o que nos levava a tentar alguma outra coisa. Deanna, de alguma forma, descobriu algo que funcionava.

Quanto a mim, Deanna jamais me disse para não ir à sua casa todo dia, embora me avisasse quando chegava a hora de ir embora. Jamais me disse para parar de atacar o pote de balas, que ficava em cima do balcão da cozinha, sempre cheio de barrinhas de chocolate, cuja constância me deixava tensa. Na minha casa, ele teria sumido do mapa em cinco minutos. A única exigência era que eu parasse de pôr as embalagens de volta no pote.

Duas coisas Deanna nunca me disse. Ela jamais me deu os parabéns por ser uma irmã tão boa, o que vários adultos faziam nessa época. Acho que eles se sentiam desconfortáveis com a estranheza de Margaret e precisavam me transformar em heroína. "Você é uma ótima irmã!", elogiavam, com sorrisos amarelos. Eu nunca soube o que responder. Deanna também jamais falava nada sobre o caos na minha casa, do qual toda a família McRae tinha ciência, devido à proximidade das duas residências. Nunca mencionou a gritaria ou o barulho das portas batendo. Jamais disse coisa alguma sobre algo que não podia deixar de perceber — que nós, os outros irmãos, acabávamos levando a pior, porque o autismo de Margaret exigia muito tempo e energia dos nossos pais.

Minha infância enfim acabou, embora, em certas noites antes de pegar no sono, eu ainda pensasse naquele esconderijo perfeito para chutar latas que eu descobrira no lugar em que os Youngs estacionavam o reboque do barco. Infelizmente, essa descoberta se deu pouco antes de os adultos decidirem que nós, meninos e meninas, já estávamos grandes demais para brincadeiras que incluíssem esconderijo coletivo no mato ao cair da tarde.

Na ocasião em que me mudei para o Oregon, eu já não via nossos antigos vizinhos há décadas. Alguns tinham morrido, outros se mudado e uns poucos, como meus pais, ainda ocupavam as mesmas casas em South Hill. Tanto tempo se passara desde a nossa infância que a maioria dos dias vividos haviam sido esquecidos. Outros eram indeléveis, polidos e desgastados como moedas do tesouro da infância, muitos envolvendo Margaret e a forma como éramos tratados por causa dela.

A família de Michaela, que morava mais adiante no quarteirão, veio da Califórnia quando eu estava na quinta série. O pai dela ensinava inglês em uma faculdade comunitária local. Lembro de pensar que devia haver algo errado com ele, já que não me metia medo como costumava acontecer com os outros pais. Ele era brincalhão e gostava de fazer os filhos rirem. Jamais o vi de gravata, também, o que dificultava ainda mais levá-lo a sério. Uma vez eu o observei, incrédula, abrir uma lata e preparar sanduíches de carne moída para nós. Um pai que cozinhava era algo que eu nunca tinha visto antes, uma espécie de urso bailarino ali bem no meio da cozinha. Não garanto que meu pai sequer soubesse onde ficava a cozinha, quanto mais como as coisas funcionavam ali.

A mãe de Michaela "trabalhava fora", como se dizia na época. Estava sempre bem arrumada e carregava uma pasta. Eu tinha pena porque ela precisava sair para trabalhar em vez de ficar em casa, como a minha, de camiseta e calça jeans. Jamais me ocorreu que ela pudesse gostar do emprego ou que a minha mãe pudesse ter rezado a Deus algumas vezes para ter uma vida profissional que a ajudasse a escapar de uma casa cheia de crianças.

Fosse qual fosse o caso, esses pais eram de uma espécie distinta da que eu conhecia. No dia em que a polícia bateu lá em casa, eu tinha passado a tarde toda na casa de Michaela. Pouco antes do jantar, os pais dela me avisaram que iriam me levar para casa, o que pareceu estranho. Isso nunca tinha acontecido, por isso imaginei que ia levar uma bronca por algo que havia feito. Ninguém levava as crianças em casa nos arredores (o mais próximo disso para mim era ser levada até a porta por uma mãe específica que se esforçava ao máximo para esconder a irritação comigo quando chegava a hora de ir embora). Na época, íamos e voltávamos das casas dos amigos, de manhã ou no fim do dia, e ninguém se preocupava com a gente. Sandy Young e eu costumávamos apostar corrida até em casa já com tudo escuro, tendo como ponto de partida um pinheiro entre as nossas casas, empolgadas e apavoradas por estarmos sozinhas no escuro, mas ao mesmo tempo convictas de que era seguro.

Talvez os pais de Michaela quisessem apenas fazer um pouco de exercício, embora estivéssemos na década de 1980, antes que descobrissem que exercício é bom para a saúde. De todo jeito, lá foram os dois, descendo a ladeira comigo e com a filha num ameno finalzinho de tarde da primavera, como se fosse algo que fizessem diariamente. Assim são os californianos. E andavam de mãos dadas, o que me fez sentir muita pena de Michaela.

Pensando bem, posso ter dito algo que levasse os pais de Michaela a achar que precisavam me acompanhar até em casa e ver com os próprios olhos o que estava acontecendo no lar dos Garvins. Não era do meu feitio falar sobre o comportamento de Margaret e de como ele tantas vezes me dava a sensação de estar numa corda bamba à beira de um precipício. Na época, essa situação era tão inerente à minha vida que falar disso seria como dizer que minha família era de irlandeses católicos — por que falar do óbvio? Mas talvez, quando fui à casa deles naquele dia buscando um pouco de sossego, eu tenha mencionado que alguém chamara a polícia por causa da minha irmã. "Ha, ha, ha, não é engraçado?", posso ter dito.

A maioria das pessoas, imagino, fica alarmada com gritos. A ideia é essa, afinal; é assim que nós, seres humanos, soamos o alarme. A diferença entre os gritos da minha irmã e outros que ouvi desde então gira em torno de qualidade e quantidade. Quando Margaret surtava, ela gritava durante horas.

Quando criança, eu passava um bocado de tempo observando-a, tentando acalmá-la, desejando que ela parasse, mas, apesar do meu esforço, nada adiantava. Eu tentava consolá-la, mas quase sempre era difícil falar numa voz tranquilizadora enquanto ela berrava a plenos pulmões nos meus ouvidos. Era a mesma sensação de ouvir a sirene dos bombeiros, mas nesse caso os bombeiros não continuavam seu caminho e o volume da sirene não diminuía. Ali, parada ao lado da minha sirene particular, eu lutava para descobrir como desligá-la, e alternava entre buscar convencê-la a se calar e gritar com ela.

De um jeito ou de outro, Margaret não me escutava. Ficava sentada de olhos fechados, esmurrando com as mãos e os pés o que quer que estivesse próximo — o chão, a parede, os móveis, ela mesma —, aparentemente sem sentir a dor. A intensidade dos seus gritos era tamanha que eu temia que a sua úvula saltasse para fora, trazendo junto o esôfago, as amígdalas e o apêndice. Vez por outra, minha irmã abria os olhos e se concentrava em quem fosse tolo o bastante para dividir o cômodo com ela. Como nosso esforço para acalmá-la costumava ser em vão, não passávamos de possíveis alvos para seus punhos e pés. Não tinha nada de pessoal, apenas ocupávamos o espaço dela e, quando a ansiedade a engolfava, às vezes aprendíamos a sair do seu caminho, mas quase sempre não era o que acontecia.

Chamávamos esses episódios de "birras", o que soa benigno e amistoso. Birras são típicas de crianças pequenas teimando para tomar sorvete. Birra. A palavra que, em italiano, significa cerveja nem de longe traduzia a situação. Precisávamos de um termo melhor, mas não tínhamos outro suficientemente educado para usar na frente de estranhos.

Às vezes era difícil saber o que fazia Margaret surtar, para início de conversa, mas essa crise específica fora deflagrada pela Azulzinha, a escova de cabelo de que já falei: feita de plástico, pequena, barata, com cerdas de um dos lados. Como muitas outras coisas na nossa casa apinhada, ela era a única. Uma única escova de cabelo numa casa com sete pessoas. Meus pais tentavam alimentar e vestir sete pessoas, e os dois tinham hábitos frugais. Por isso, parecia haver apenas uma coisa de cada em nossa casa: UMA escova de cabelo; UM martelo; UMA garrafa térmica. Tal singularidade tinha uma implicação terrível: se o item se quebrasse, se perdesse ou não fosse compartilhado, nossos pais seriam obrigados a gastar um dólar e seis centavos para comprar um novo no mercado, e a família seria empurrada para a beira do desastre financeiro e uma desagregação de proporções inimagináveis. Por algum motivo, eu acreditava nesse mito, embora meu pai fosse sócio sênior em sua clínica obstétrica e proprietário de uma casa de campo no lago.

Mas o que levou Margaret a começar a gritar na verdade não interessa. Suas birras em geral não guardavam ligação com nada que conseguíssemos entender, mesmo depois que elas passavam. Ela podia gritar a tarde inteira de sábado, criando um tumulto enquanto a gente fugia, lutava com ela ou virava a casa de pernas para o ar à procura do objeto que pudesse acalmá-la — uma plaquinha com o nome do cachorro no compartimento secreto da bolsa da minha mãe, o pedaço de metal do centro do toca-discos (que ela chamava de "o Fuso!"), ou a capa em frangalhos de algum disco. E, mesmo quando não conseguíamos encontrar o objeto desaparecido, de repente ela podia desacelerar, tomar fôlego enquanto tremia e dizer: "Tudo bem. Assim está melhor." Então, voltava ao que estava fazendo horas antes como se nada tivesse acontecido. Quanto a nós, ficávamos zonzos com a sensação de que havia passado um furacão ali e ainda catávamos os pedaços de telhado e paredes incrustados em nossos corpos e os pregos que haviam perfurado nossas cabeças e mãos.

Na verdade, esse é o objetivo. Se gritarmos ou chorarmos porque queremos algo ou precisamos de algo ou perdemos algo, as pessoas à volta se dispõem a ajudar. Quase sempre podemos ajudar uns aos outros, e nos revezamos consolando uns aos outros desse jeito básico. Mas, se não pudermos dizer qual o motivo de gritarmos ensandecidos, não há como receber ajuda. O resultado é uma dupla alienação. Não duvido que as origens dos surtos de pânico de Margaret fossem muito concretas para ela, mas, como minha irmã não conseguia explicá-las para mim, uma parede se ergueu entre nós e cada qual ficou presa em seu respectivo lado.

Todo mundo na vizinhança nos conhecia, e quem quer que tivesse chamado a polícia estava ciente de que Margaret fora a causadora do tumulto naquele dia. Honestamente, é um espanto que os vizinhos não chamassem a polícia com mais frequência. Que não tivessem visto como uma ocasião especial a chegada dos uniformes azuis no nosso quarteirão, por isso aposto que um monte de vizinhos estava espiando por entre as cortinas quando o policial uniformizado surgiu em nossa varanda. Sei que foi isso que eu fiz. Vi o carro de polícia estacionar enquanto minha irmã gritava ao meu lado, no nosso quarto, e me perguntei quem teria se metido em problemas. Então me dei conta de que ele viera à nossa casa. Eu o vi caminhar até a entrada e pressionei o nariz no vidro quando ele sumiu sob o teto da varanda. Ouvi a campainha e corri para a escada para observar minha mãe, pequena e delicada, abrir a porta da frente. Por trás da tela, ela tentou explicar a situação em sua voz calma e tranquilizadora. O policial a deixou terminar, encarou-a como se já tivesse ouvido aquilo tudo antes e disse algo do tipo "Minha senhora, preciso ver com meus próprios olhos". Mamãe fez sinal para que ele entrasse e subisse a escada até o nosso quarto, onde Margaret se instalara.

Fiquei, do alto da escada, observando o rapaz subir. Foi engraçado ver um policial daquele tamanho se esgueirar por uma escada estreita até o segundo andar da nossa casa, tão deslocado ali junto aos suaves desenhos a lápis dos nossos rostos infantis pendurados ao longo da subida (havia apenas quatro; Margaret se recusara a posar para o dela). Ele me ignorou, e eu o segui até o nosso quarto cor de pêssego com cortinas de babados e colchas combinando, tudo feito à mão pela minha mãe. Margaret estava sentada em uma das camas de solteiro, calada naquele instante e suando. Nitidamente aquele cômodo não parecia o covil da iniquidade e da tortura, mas, sim, um quarto de meninas. Minha mãe entrou e ficou atrás do policial. Disse a Margaret que o moço bonzinho estava preocupado com ela. Então, o moço bonzinho foi até a minha irmã e lhe perguntou se ela estava bem. Disse mais ou menos isto:

— Querida, você está bem? Se machucou? Pode me dizer o que houve?

Passado um momento de silêncio, Margaret respirou fundo e o encarou. Depois ela se jogou para trás, agarrou um pedaço da colcha em cada mão e uivou na cara dele:

— CAAAADÊEE A ESCOOOOOVA AAAZUUULLLL? NÃO SEI ONDE ELA ESTÁ! VOCÊ QUER A ESCOVA AZUL? AAAA-AHHHHH! AAAAAAHHH!

Jogou-se para trás na cama, dando chutes no ar e acertando o que estivesse no caminho. O policial fugiu, o rosto pálido, um borrão quando passou por mim na porta. Nitidamente se convencera de que, na condição de agente da lei e da ordem, nada tinha a fazer ali. Eu também desisti e fui para a casa de Michaela. Mais para o final da tarde, minha amiga e seus pais me acompanharam até em casa.

Será que os pais de Michaela foram até lá para ter um vislumbre dos fantasmas da família? Seria por curiosidade maldosa, por preocupação genuína ou por mera gentileza? Qualquer que fosse o caso, lembro que já anoitecia quando saímos. Caminhando na frente com Michaela, me senti estranhamente formal com os adultos a tiracolo quando chegamos à minha casa. Talvez por isso eu tenha me dirigido à porta principal, a mesma por onde entrara o policial, aquela que jamais usávamos. Eu sabia que a porta estaria trancada, mas, em vez de optar pela lateral, que se abria na sala, onde minha família com certeza estaria reunida diante da tevê, toquei a campainha, exatamente como havia feito o policial.

Minha mãe veio atender, abriu a porta de tela, cumprimentou os pais de Michaela e os encantou, como encantava a todos. Margaret, exausta depois da tarde de ansiedade, postou-se atrás dela. Aos treze anos, já era mais alta que minha mãe. Enlaçou afetivamente o pescoço da mãe com um dos braços, cheirou seu cabelo e encostou a cabeça em seu ombro. Observou os pais de Michaela e observou nossa mãe. Eu observei todos eles. De vez em quando, Margaret fazia um comentário do tipo "Você não pode ficar gritando por causa da escova azul, mãe", ou "Que bom que está calma agora, mãe". E minha mãe concordava com ela. "Isso, Margaret. Isso são boas maneiras."

Depois de conversarem um pouco, os pais de Michaela deram boa-noite e subiram a ladeira no escuro em direção à própria casa. Eu entrei em casa, minha mãe fechou a porta e todos nos sentamos para jantar. No dia seguinte na escola, Michaela me contou que, quando ela e os pais chegaram em casa, os pais tiraram a placa de À Venda que haviam recentemente colocado no gramado da frente antes de entrarem. Ela não me disse o motivo. A família não voltou para a Califórnia, e na vez seguinte que minha mãe foi às compras compramos uma escova de cabelo. A Marronzinha, com cerdas em todos os lados.

O passado não é singular, um grande bloco de foi e não foi, de fez ou não fez, de teve ou não teve. Ele inclui várias camadas amontoadas ao longo dos anos. A memória, a nossa e a dos outros, é precisa e imprecisa, abandonada ou reivindicada. É como a pedra. Se a cortarmos no meio, podemos ler as enchentes e as secas, anos de escassez ou de abundância. Na minha parte seccionada, encontrei marcas deixadas por esses amigos e vizinhos que eu quase esquecera. E, depois de todo esse tempo, descobri que parte do que não foi dito é o que mais valorizo.

No Oregon, esses dias já estavam muito distantes da minha vida, a época em que algo tão inconsequente quanto o sumiço de uma escova de cabelo podia causar uma crise capaz de mobilizar minha família, os vizinhos e o Departamento de Polícia de Spokane em torno da mesma causa perdida. Mas, durante anos depois de sair de casa, continuei vivendo sob a sombra desses traumas, esperando que alguma perturbação desequilibrasse a balança e a derrubasse e que a vida normal que eu tanto lutara para construir desmoronasse de uma hora para outra. Eu me sentia assim mesmo quando já tinha idade para saber que as pessoas precisam lidar com seus próprios fantasmas, com o choro de seus bebês e os gritos de suas garotinhas.

Até com Margaret. Apesar de todo o nosso esforço, não acredito que algum dia tenhamos realmente ajudado minha irmã a encontrar paz de espírito. Margaret possuía a chave que nenhum de nós tinha e, quando era capaz de destrancar a porta e voltar ao mundo normal, fazia isso por vontade própria e não devido a alguma coisa que fizéssemos ou deixássemos de fazer para ajudá-la. Quando estive com ela naquele primeiro verão depois da minha mudança para o Oregon, tive mais certeza disso do que nunca. Pude ver que ela seguia lutando diariamente com o mesmo tipo de dificuldade, mas notei menos tumulto em sua vida, e fiquei feliz, porque ela merecia essa paz de espírito mais do que qualquer um que eu conhecesse.

Depois de deixar meus antigos vizinhos, segui em frente: Spokane, Seattle, Inglaterra, Samoa Americana, Espanha, Novo México. Vi muita gente entrar e sair da minha vida, e os talismãs me ajudavam a recordar. Quando me casei, Deanna e Vanessa me deram de presente no chá de panela o velho pote de balas, generosamente abarrotado dos meus chocolates favoritos. Levei essa lembrança da infância para o meu primeiro lar de casada. Quando Margaret me visitou pela primeira vez em Albuquerque, o pote havia se quebrado, derrubado do balcão pelo meu marido desajeitado, que achou que eu não notaria sua ausência se ele ficasse de boca calada. Passei horas chorando. Mas muitas outras coisas se quebraram naquela casa e em todas as outras em que morei. Contudo, como a escova de cabelo azul, essas coisas não passavam de plástico e vidro — substituíveis e sem importância quando comparadas às nossas lembranças e às pessoas de nossas vidas que lutamos para amar e nos fazer amar por elas, com suas imperfeições e a despeito das nossas.

Às vezes, sentada na minha varanda à noite no Oregon, eu podia ouvir as famílias dos sapos coaxarem do outro lado da cerca, o som de um cão solitário latindo uma, duas, três vezes. Da outra margem do rio, vinha o apito do trem quando ele passava pelo Desfiladeiro do Rio Columbia indo em direção a Spokane, sempre adiantado. Eu ouvia as vozes das crianças da vizinhança chamando umas as outras de dentro de seus quintais na escuridão. Lembrava do que eu tivera um dia e do que ainda tinha e juntava tudo no pote inquebrável do meu coração.

8. A tia que não sabia de nada

Quase sempre guardamos nossas melhores maneiras para as visitas e até mesmo para os desconhecidos, deixando menos que o nosso melhor para nossas famílias e amigos. Que pena, pois esses são os relacionamentos mais importantes em nossa vida.

— "Sobre relacionamentos", GUIA DE ETIQUETA DE EMILY POST

Eu não conseguia dormir, em parte por estar numa cama que não era a minha. Na horizontal, deitada no sofá-cama da sala da minha irmã Ann, passei horas acordada, contemplando fotos em porta-retratos, pequenas estatuetas de madeira e potes de cerâmica asiática — circunstâncias da vida haviam levado Ann de uma cidadezinha no estado de Washington para a Alemanha e de lá para o Deserto de Mojave, para Boston e para a China e de volta aos Estados Unidos. Pensei no trabalho que deve ter sido carregar esses objetos de um lugar para outro já que o exército americano fizera a família dela se mudar com enorme frequência ao longo das últimas duas décadas. Ainda que estivessem morando naquela casa havia apenas uns poucos meses, tudo estava lá, preso e pendurado, arrumado e bem cuidado, como se jamais tivesse estado em outro lugar. Perguntei-me se Ann os encarava como uma forma de marcar seu lugar no mundo, como símbolos que colecionara com cuidado para se sentir em casa a despeito de onde vivesse no planeta. Ou talvez fossem apenas bugigangas adquiridas por força do hábito e que secretamente ela desejava que se perdessem ou se danificassem na mudança.

Enquanto estava ali deitada, insone, ruminando sobre as viagens da família de Ann, também pensei em como o fato de ter filhos provoca o desaparecimento do quarto de hóspedes. De repente, todos os quartos ficam cheios de crianças. Não há lugar para os hóspedes adultos dormirem, e é por isso que gente como eu acaba no sofá da sala ou em algum colchonete no meio da casa enquanto as crianças dormem em suítes privativas com travesseiros extras e o luxo de uma porta que fecha. Eu dirigira quase quinhentos quilômetros naquela tarde e esperava — não, contava com — um quarto para mim. Me senti meio rabugenta por pensar assim, mas também meio relegada ao gramado junto com o regador e os brinquedos espalhados. Exposta. Negligenciada. Espezinhada.

O colchão macio afundava no alto, o que fazia todo o meu sangue correr para a cabeça. Era uma sensação desconfortável, para dizer o mínimo, sem falar no fato de que dava para sentir cada barra horizontal de metal sob meu corpo. No entanto, eu me convencera de que a minha posição provavelmente não era perigosa, a menos que minha cabeça deslizasse para o buraco entre o colchão e o encosto do sofá, fazendo com que a cama de repente desarmasse. Tentei, porém, não me permitir pensar nesse tipo de coisa.

Eu não conseguia dormir sobretudo porque havia um par de pezinhos de sete anos alojado no meio da minha coluna. Os pés pertenciam ao meu sobrinho ruivo, Tony, que pedira à mãe para dormir no sofá-cama — que ele chamava de Camão da Vó Pat — com a tia Eileen. Ann não me perguntara se eu concordava com o pedido. Ela se limitou a mencioná-lo com um sorriso no rosto, para logo em seguida acomodar o filho, enquanto eu fui largada na cozinha pensando se haveria um jeito delicado de dizer a um menino de sete anos que a sua companhia para dormir não era exatamente bem-vinda. Não havia. Além disso, quando acabei indo me deitar, Tony já dormia há horas. Agora, lá estava ele, roncando baixinho no meu ouvido e enfiando os dedões nas minhas costas cansadas da viagem.

Meu sobrinho é uma pessoinha adorável. A questão é que tenho uma aversão antiga e profunda a dividir a cama com quem quer que seja. Mesmo Brendan mal era considerado uma exceção. Na infância, fui obrigada a dividir um quarto com duas irmãs até que a mais velha, Ann, a mãe desse menininho, saísse de casa para ir estudar. Depois desse tempo todo, ainda defendo possessivamente o próprio espaço. Quando viajei com um grupo grande de amigas, me ofereci satisfeita para dormir no chão antes de sugerir dividir uma cama. Quando me perguntaram por quê, expliquei que não gostava que me olhassem quando eu estava dormindo. Ouvi que esse era um temor ridículo, já que, quando duas pessoas dormem juntas, elas estão dormindo, e não se olhando. Mas quem disse isso nunca precisou dividir um quarto com Margaret.

Ser observada durante o sono é uma preocupação que jamais me abandonou durante os 18 anos em que dividi um quarto com minha irmã autista, a outra tia desse menininho, que era três anos mais velha que eu e aparentemente nunca dormia. Ela perturbou meu descanso ao longo de quase duas décadas com suas escapadas noturnas e sussurros estranhos. Várias vezes acordei com o som de seus passos pesados escada abaixo para ver alguma coisa, como ela costumava fazer em seus passeios compulsivos e imprevisíveis na madrugada. Meus irmãos mais velhos e eu tentávamos policiar esse tipo de atividade, pois não queríamos que ela acordasse nosso pai, que foi privado de sono durante toda a carreira de obstetra e desceria a escada encarnando o personagem Pai Aterrador Vestindo Cueca, uma especialidade dos homens da sua geração. Se ele acordasse, estávamos fritos.

Por isso, se ouvíamos Margaret levantar da cama, dávamos um pulo e saíamos atrás dela. Consequentemente, Margaret desenvolveu o hábito de correr e bater portas à medida que passava, porque sabia que alguém vinha atrás para tentar levá-la de volta para a cama. Mesmo quando não a perseguíamos, depois de desistir dessa tática, ela continuou a correr e bater portas, porque se habituara ao ritual. Seus pés pisavam no chão, e ela saía da cama, passava por duas portas, descia a escada, atravessava a sala, entrava na cozinha e repetia o mesmo caminho outra vez. Quando voltava, como um furacão, a subir até o segundo andar, onde nós, crianças, dormíamos, eu ouvia minha mãe repreendê-la: "Margaret, já para a cama!" Às vezes minha mãe estava, de fato, atrás dela para garantir que fosse para a cama. Mas outras vezes Margaret corria escada acima sozinha, imitando à perfeição a voz da nossa mãe e poupando-a do trabalho de se levantar da cama. Era como se ela mesma se desse uma palmada porque sabia que havia feito alguma travessura.

Era pior nas manhãs dos finais de semana, quando eu tentava compensar o sono perdido. Margaret levantava bem mais cedo que eu, pois a ansiedade a impelia a vestir-se e descer até a cozinha. Lá, ela ficava andando de um lado para o outro, esperando que todos acordassem para que pudesse começar mais uma sessão de expediente integral de audição dos discos da coleção eclética da família. Bay City Rollers. Electric Light Orchestra. Roger Whittaker. Carmina Burana. Havia pouca paz numa casa com cinco crianças, e os hábitos da minha irmã só aumentavam a sensação de caos. Ainda assim, nossa mãe se esforçava para impor algum tipo de limite com os discos. Margaret tinha permissão para aumentar o volume "Quando todos os outros irmãos se levantarem".

Claro, como eu já disse, que esperar o que quer que fosse era muito difícil para Margaret. Seus movimentos ansiosos e o diálogo com minha mãe sacudiam as paredes e estremeciam as maçanetas, mas, justiça seja feita, não havia música. Às vezes, deitada, eu a ouvia perguntar à mamãe:

— Você vai ouvir música, mãe?

— Quando os outros irmãos acordarem — respondia minha mãe.

Então eu ouvia Margaret se afastar e se sentar, com um baque, no sofá, e dez segundos se passavam antes que ela levantasse, corresse até a cozinha e perguntasse:

— Você vai ouvir música, mãe?

Minha mãe repetia a mesma resposta, pacientemente. Sem parar.

— Quando os outros irmãos acordarem, aí você pode ouvir música, Margaret.
— Quando os outros irmãos acordarem, aí você pode ouvir música, mãe.
— Isso mesmo, Marge.
— Aí você pode ouvir música.
— Aí você pode ouvir música, Marge.
— Aí você pode ouvir música, mãe.
— Aí você pode ouvir música, Marge.

Passado um certo tempo, Margaret não conseguia mais aguentar. Entrava correndo na cozinha e ligava o som a todo volume por uma fração de segundo, espalhando a música retumbante pela casa inteira. Antes que alguém a mandasse, aos gritos, abaixar o volume, ela desligava o aparelho. Claro que eu não conseguia mais dormir depois disso, mas me apegava teimosamente ao direito de ficar na cama e mantinha os olhos bem fechados. Quase sempre, Margaret começava a me checar, para ver se eu me mexia. Eu fingia dormir quando ela subia a escada e se aproximava da minha cama. Então ela ficava ali parada, respirando na minha cara. Eu a observava por entre as pestanas, sempre convicta de que ela sabia que era fingimento meu.

Tinha dias em que seu rosto mostrava rugas de preocupação e ela ficava ali torcendo as mãos como se estivesse prestes a chorar ou gritar. Em outros, eu via seu sorrisinho maldoso. "Você pode ouvir música quando os irmãos levantarem", dizia ela, alto, na minha cara. E, se eu mexesse uma pestana que fosse, ela se jogava em cima de mim, rolava na cama e ria: "VOCÊ VAI OUVIR MÚSICA QUANDO EILEEN LEVANTAR! HA HA HA HA!"

Então ela corria escada abaixo para ligar o som.

"Você vai ouvir música quando Eillen levantar, mãe!", gritava ela lá da cozinha com sua voz estridente e monocórdia. E eu, contra a vontade, me levantava.

Jamais me recuperei, de fato, dessa época. Ainda escondo o rosto de manhã, só que agora do meu cachorro, que passa a pata no meu ombro quando percebe que eu me mexo, esperando conseguir logo o café da manhã. Finjo dormir para os gatos, um dos quais começa a derrubar quadros das paredes ou derrubar meus óculos e outros objetos da mesinha de cabeceira quando acha que existe uma chance de eu me levantar e abrir a janela para ele, enquanto o outro quer que eu encha todas as tigelas do banheiro e fica miando e andando em círculos se me vê acordar. Sim, é verdade — sou uma adulta que sente necessidade de enganar seus bichos de estimação. Mas me escondo do meu marido, também, que, como Margaret, sempre quer que eu me levante cedo nos finais de semana. Até agora, ele tem sido o mais fácil de enganar quando finjo que ainda estou dormindo.

Tudo isso tem o objetivo de mostrar que a ansiedade relacionada ao sono me leva a evitar compartilhar a cama com alguém. Se durmo sozinha, não preciso me preocupar em ser observada ou, consequentemente, tentar esconder tal preocupação. Mas não tive sorte dessa vez. Ali estava eu, presa na armadilha do entusiasmo de um garotinho. Enquanto continuava acordada, eu sabia que devia me sentir lisonjeada com a atenção dele. Ao menos ele não via em mim uma tia amedrontadora de quem todos se escondiam — a Tia da Verruga Peluda, a Tia que Come de Boca Aberta, a Tia com CC que Abraça Demais. Tony era novinho o suficiente para acreditar que gostava de mim apenas por eu ser sua tia. Era novinho demais para fazer qualquer julgamento crítico sobre mim como pessoa; eu era apenas uma tia. Por isso eu devia ser grata. Respirei fundo e tentei me concentrar na gratidão, mas dei um mau jeito e senti um músculo na altura da cintura se contrair. Enquanto esperava a dor passar, me ocorreu que não demoraria muitos anos para Tony deixar de ser tão fofinho. Como caçula dos três filhos da minha irmã, ele tolerava ser tratado como bebê, ser afagado e dar a mão para um adulto. Mas o irmão maior já fazia parte do time de futebol, o pai era militar, e eu sabia que chegaria a hora em que o homenzinho que havia nele não admitiria mais nada disso; ele se rebelaria e cortaria os doces laços da afeição feminina, ao menos na frente de estranhos.

Quando esse pensamento se desfez, Tony me chutou dormindo, e minha coluna retesou tal qual uma corda de violino. Minha insônia piorou, e me dei conta de que em poucas horas eu teria de encarar uma sala cheia de parentes alertas e que era quase certo não haver café na casa. Essa ideia me apavorou e despertei por completo. Pensei em subir a escada até o quarto de Tony e tomar para mim sua cama de solteiro, de modo a conseguir dormir o suficiente para me comunicar com meus parentes e descobrir onde ficava o café mais próximo. Então, tive um pensamento que superou o problema da cafeína. Jamais terei filhos. Jamais terei um filho. De repente, me senti totalmente calma e consciente. Não tenho filhos e é improvável que venha a ter. Com frequência pondero as vantagens dessa decisão, mas naquele momento, enquanto Tony se virava na cama e me acertava com o cotovelo, tudo que me ocorreu foi a perda daí decorrente. A ficha me caiu como uma bomba, e os pezinhos pararam de me incomodar e, passado um tempo, adormeci.

O motivo por que eu dormi no Camão da Vó Pat, para começar, era o fato de estar numa missão de tia, missão que provavelmente eu não precisaria desempenhar caso tivesse filhos, para ser franca. Ann, cujo marido se achava fora do país, me pedira para ficar com seus três filhos — Bobby, Julia e Tony — para poder assistir a uma aula em outra cidade. Minha missão era simples: pegar as crianças na escola, estar em casa quando Bobby chegasse vindo de carona, dar jantar aos três, garantir que fizessem a lição de casa e mantê-los vivos até a hora da escola no dia seguinte. Depois, eu ficaria livre. Aceitei, mas com um certo temor no coração. Como uma escritora freelancer sem filhos, levo uma vida bem simples. Meu dia gira em torno da cafeteira e de um banho quente. Ando pela casa de roupão durante a maior parte da manhã, e, se tirassem meu computador e o substituíssem por uma televisão, quem visse o que faço o dia todo me chamaria de "desocupada" em vez de "escritora". Tudo é relativo. Apesar da minha rotina solitária, posso dizer que meu emprego de meio expediente é deixar os gatos entrarem e saírem de casa. Ser responsável por seres humanos já é outra história. Mas eu queria fazer isso, então concordei e decidi ser corajosa.

Durante mais ou menos uma hora depois que cheguei à casa deles, fiquei de olhos esbugalhados, parada no meio da cozinha. Morar com crianças faz você achar que a casa é mal-assombrada, pensei. Em cada canto, eu ouvia o som de uma pessoa ou via uma pilha de coisas daquela pessoa, uma cadeira recém-desocupada deslizando no chão, um aparelho eletrônico que acabava de ser ligado, a sombra de uma criança passando, o vislumbre de uma fralda de camisa, o calcanhar de uma meia. A impressão era de constante movimento, por isso fiquei parada, agarrada à minha taça de vinho, e tentei prestar atenção nas instruções que minha irmã ia me passando enquanto preparava o jantar. Na metade de alguma explicação complexa sobre a educação, os cuidados com a saúde ou o bem-estar espiritual dos filhos, ela me olhava e dizia: "Ora, você sabe do que estou falando." Acachapada demais, eu não conseguia retorquir "Sei mesmo? Tem certeza?".

Quando nos sentamos para saborear a comida que ela fizera, minha confusão aumentou. Parecia que todos falavam ao mesmo tempo, mas pode ter sido efeito do vinho. Minha irmã mediava a conversa, pedindo a cada um que contasse o que havia feito naquele dia. Era a vez de Bobby quando ouvi um ruído estranho vindo de Tony e, ao olhar, percebi que o menino tinha engasgado. Antes que eu sequer pensasse no que fazer, ele abriu a boca para respirar. Um jato morno de leite atravessou a mesa e molhou meu cabelo, meus ombros e meu peito. Fiquei ali sentada, sem reação, com gotículas de leite caindo na minha blusa de cotelê. Houve um momento de silêncio, e então todos desataram em gargalhadas, minha irmã rindo mais alto que qualquer um. Os quatro batiam com os punhos na mesa para recuperar o fôlego, incapazes de falar. Com o guardanapo, sequei o leite que empoçara na gola da blusa, calmamente ajeitei o cabelo e esperei que todos parassem de rir. Depois de um ou dois minutos, me ocorreu que é mesmo hilário ter leite no cabelo e dei uma risadinha, o que só fez aumentar as gargalhadas. Então, desatei também a rir e ronquei como um porco, o que fez Tony voltar a cuspir leite em cima de mim. Por fim, conseguimos nos recompor e terminar de jantar. Graças a Deus havia um responsável ali para ser nosso guia.

Em ocasiões assim, sinto que a minha compreensão emocional demora uns dois minutos mais que a de todo mundo. E, quando se pensa nas nuances do humor, da dor ou da raiva, isso é um bocado de tempo. Esse atraso temporal me foi meio que impingido na infância, já que passei anos tentando não reagir a alguma maluquice da minha irmã. Por exemplo, Margaret sempre se divertiu um bocado cuspindo suco na cara da gente à mesa do jantar. Algumas de suas artes eram esquecidas depois de alguns dias ou algumas semanas, como beliscar queixos ou puxar cabelos, mas essa durou anos. Quando nos sentávamos amontoados em volta da mesa de jantar grudenta, um de nós sentia o peso do seu olhar e, involuntariamente, a encarava. Ela cuspia como uma baleia, a pouca distância do alvo. Então ria e ria mais, e nossa mãe nos instruía a não reagir, porque isso só a estimularia a repetir a cena. Por isso, ficávamos ali com água ou suco escorrendo pelo rosto e comíamos outra garfada de milho ou feijão enlatado enquanto ela se municiava e repetia a façanha várias vezes. Às vezes, eu me enfurecia e gritava com ela, o que em a geral a fazia rir mais ainda e dizer "Você não pode cuspir seu suco, Eilleen! Olhe as boas maneiras! Ha ha ha ha!", antes de voltar a cuspir em mim. Margaret também adorava pegar o galão de leite na geladeira e derramar o líquido no ralo, para nos fazer gritar: "Não, Margaret! Não jogue o leite no ralo!" Isso a fazia rir, e esperava-se que não reagíssemos quando ela repetia: "Você não pode jogar o leite no ralo! Ha! Ha! Ha!"

Passamos muito tempo sem reagir às brincadeiras malucas de Margaret, e acho que isso não fez diferença alguma. Eu a adoro e ela moldou a minha vida de uma forma que continuo tentando entender, mas, quando era jovem, eu queria era matá-la quando ela aprontava esse tipo de coisa. Na faculdade, quando li sobre o mito de Sísifo, imediatamente me identifiquei. E sabia como era fazer a mesma coisa milhares de vezes, ir além da exaustão devido à repetição da mesma tarefa sem sentido, e acordar no dia seguinte e recomeçar o tormento sem esperança nem folga. Era assim que eu me sentia, como membro da família, quando tentávamos ensinar Margaret a fazer, ou não, alguma coisa. Sempre penso em Margaret quando estou no mesmo ambiente que os filhos de alguém, porque fui um dos muitos indivíduos que ajudaram a criá-la. Embora tenha três anos a menos que ela, sou, para todos os fins, sua irmã mais velha, e essa é a minha referência no que tange à criação de filhos. Estou ciente de que não se trata de uma comparação conservadora, mas é a única que tenho.

Tony, ao contrário de Margaret, só cuspiu em mim nessa ocasião. E pude perceber que foi um acidente, embora, com a reação que provocou, desse para ver que ele gostaria muito de repetir a gracinha. Depois que Ann viajou para assistir à aula, precisei me obrigar a lembrar que aquelas crianças não eram como minha irmã imprevisível, mas pessoinhas um bocado razoáveis; tinham regras e um código moral. Podiam ser um tantinho focadas demais em competir — quem comia o último biscoito, quem escolhia o último filme —, mas ao menos todos seguiam o mesmo manual básico com uma lista de regras: o que é permitido, o que não é permitido, e o que a tia Eileen talvez não saiba que não é permitido. Essa última categoria me deixava em grande desvantagem. As regras e regulamentos do código de ética infantil pareciam ter me escapado, e isso me deixou em pânico. Embora se esperasse que eu tivesse algum tipo de resposta para as negociações incessantes quanto a doces, televisão, adiamentos da hora de dormir ou revezamento de brinquedos, os conflitos internos e a eterna luta pelo poder faziam com que eu me sentisse como Colin Powell durante o governo Bush: supostamente eu tinha as respostas, mas ninguém as ouvia.

Logo, porém, percebi que eu não precisava dizer muita coisa. Na verdade não precisava dizer coisa alguma. Essas crianças sabiam o que era certo e errado no escopo familiar, mesmo que eu não soubesse. Descobri que, se nada dissesse, mas apenas os olhasse com expressão séria, eles chegavam sozinhos às respostas. Essa tática preservava a paz e ao menos passava a ilusão de que eu estava ciente do que eles faziam.

Para ser honesta, eles não me deram trabalho, porque eram crianças muito legais. Haviam se mudado muitas vezes durante sua nômade vida militar — Califórnia, Massachusetts, Virginia, Pequim, novamente Virginia, Hong Kong, Virginia mais uma vez e agora o estado de Washington. Ao longo de todo o processo, mantiveram-se unidos. São amorosos uns com os outros e ainda brincam juntos, até mesmo os meninos, que têm uma diferença de idade de sete anos.

E como brincavam! Trata-se de uma família que ama jogos. Na primeira noite, os três tentaram me ensinar xadrez, um jogo que sequer tentei aprender ao longo da vida, mas que é a paixão do meu marido. Aquelas peças de aparência anônima, o tabuleiro vazio, que sei lá por que inspira muitos movimentos misteriosos, específicos, me causam calafrio. O que foi feito do Jogo da Vida? Do Banco Imobiliário? Mas Bobby, Tony e Julia foram ótimos professores miniatura. Além disso, nosso jogo era uma versão do Senhor dos Anéis, com seus reconhecíveis Orcs e Magos e tudo mais, não um daqueles com peças de madeira de aparência neutra. Eu já estava quase entendendo quando ganhei por default porque Tony, que até então vinha me massacrando, foi vítima da implicância do irmão mais velho, se irritou e virou o tabuleiro.

Na segunda noite, os três me perguntaram o que eu queria jogar depois do jantar e respondi:

— Quais são as opções?

— Risk, Murder in the Abbey, Scattergories e Cranium — foi a resposta.

Expliquei que eu não sabia jogar nenhum dos quatro, mas estava disposta a aprender.

Tony bateu na mesa com a palma da mão, como se já estivesse farto de mim:

— Tia Eileen, você não sabe NADA!

Os mais velhos me encararam para ver se eu me zangara. Tenho absoluta certeza de que existe uma regra na família sobre o tratamento a ser dado aos adultos, mas dessa vez concluí que minha posição ficava a meio caminho nesse tipo de etiqueta: não sou mãe e não sou criança, mas me identifico mais com as crianças, sobretudo quando durmo num sofá-cama no meio da sala. Por isso sorri para Tony e lhe disse que não fazia mal eu não saber coisa alguma porque contava com ele para me ensinar.

E era, de fato, verdade. Essas crianças sempre me ensinavam alguma coisa quando eu estava com elas. Aprendi a não morrer de medo se Julia me pedisse para escovar seu lindo cabelo castanho-avermelhado de manhã. Eu mesma costumava fugir do pente e, recordando o desagradável movimento dos dentes afiados nos meus cachos juvenis, eu temia machucá-la. Mas a menina era resistente. Escovei, trancei e até me saí bastante bem. Ela sorriu para mim e me deu parabéns.

Com Tony aprendi a acreditar que saberia o que fazer quando ele entrasse na cozinha às dez da noite vestido com seu pijama do Homem-Aranha para me dizer que não conseguia dormir. Que eu encontraria algum talismã no meu kit de tia para acalmá-lo o suficiente para voltar para a cama e enterrar a cabecinha no travesseiro, usando seu cobertor velho de quando era bebê como cachecol. E ele me mostrou que posso superar minhas velhas manias — como dividir uma cama com alguém e não me importar de dormir meio mal.

E, por último, Bobby, o atleta estoico. Quando ia me deitar e via a luz do seu quarto acesa lá em cima, eu pensava no solitário café da manhã que ele teria no dia seguinte na cozinha escura. Meu sobrinho precisava sair às sete horas para a escola na cidade vizinha e, aos catorze anos, levantava e saía por conta própria. Minha preocupação era seguir com rigor demais as instruções da minha irmã. Por isso, me levantei da cama e subi a escada. Dei uma olhada dentro do quarto e vi Bobby com fones de ouvido fazendo a lição de casa. Apontei para o relógio e o chamei de vampiro da família, o que o fez sorrir. Conversamos sobre como era divertido ficar acordado até tarde e sobre a dificuldade de levantar na manhã seguinte. Ele me falou sobre o trabalho que estava fazendo, uma crítica para a aula de escrita criativa. Não falei muito. Não achei o que dizer, mas queria que ele soubesse que eu o via, o reconhecia e podia vislumbrar a pessoa que ele estava se tornando.

No dia seguinte, ouvi Bobby tentar se levantar durante uma hora — às 5:45, às 6:00, às 6:30 —, o despertador me acordando a cada quinze minutos. Me arrastei até a cozinha para fazer um café às sete e lhe disse que ele merecia uma medalha por acordar tão cedo. Antes que saísse, eu o abracei e o convidei para ir me visitar no Oregon o mais breve possível.

Julia e Tony foram para a escola de mãos dadas comigo, e eu adorei a sensação daquelas patinhas macias. Mais que isso, amei a sensação de confiança, a certeza alegre deles de que eu também os amo, o que é a mais pura verdade. Os dois se soltaram de mim para andar sobre o murinho de pedra junto à calçada, sem parar de conversar comigo e sem perder o passo. Chegando à escola, vi cada um se dirigir para a própria sala a fim de dar início a mais um dia que viria a ser parte de uma vida ao se juntar à pilha de outros dias já vividos. E minha esperança era de que meu breve período com eles virasse uma boa lembrança nessa coleção.

Voltei para casa debaixo de chuva, driblando caminhonetes e poças, pensando nos meus sobrinhos ruivos, nos rostinhos doces, na gargalhada fácil dos três. Pensei na minha irmã e no meu cunhado, os arquitetos do caráter dos filhos. "Como se faz isso?", perguntei a mim mesma. Como se descobrem as regras corretas que nos dão força para chegar ao fim do dia, ao fim de um ano, ao longo de toda uma vida? Quando é que se tem certeza de estar ensinando aos filhos como se tornarem os indivíduos que nasceram para ser e quando é que os atrapalhamos? Será o sucesso do dia a dia a comprovação, ou serão as crises? Como estimulá-los a agir por conta própria e como dar um passo atrás e deixá-los fracassar, sabendo que essa não passa de uma pequena parte da pessoa que eles vão se tornar?

Em pouco tempo me vi de volta à minha casa tranquila, com meus gatos carentes e meu cachorro paciente. Nenhum deles me convidou para brincar, queriam apenas comida, água e o sofá. Subi a escada naquela noite e me senti feliz por estar na minha própria cama, mas senti falta do calor e do peso de Tony sonhando ao meu lado. Minha casa estava cheia do escuro e do silêncio próprios da ausência de crianças. E, mesmo depois de todos esses anos, eu ainda conseguia sentir o silêncio criado pela ausência de Margaret.

Percebi então que o fato de ter tido Margaret como irmã pesara muito na minha decisão de não querer filhos. Não que eu temesse parir uma criança deficiente. Esse risco era pequeno, e a minha parte racional sabia que criar uma criança não autista não seria tão difícil. Uma criança pode aprender e crescer e mudar de um jeito que para mim parece mágica, depois de acompanhar a luta de Margaret para aprender coisas que consideramos banais: olhar para as pessoas quando falamos com elas; comer pequenas porções de cada vez; vestir-se antes de sair do vestiário; não bater no padre Bach nem passar o dedo na meia de seda das mulheres na volta da comunhão. Minha mãe, os professores de Margaret e inúmeras outras pessoas se esforçaram ao longo dos anos, assim como o resto da família. Havia tanta coisa que ela jamais conseguiria aprender... E, ao tentar ajudá-la, eu sempre senti que fracassava uma vez após a outra.

Não era racional, mas eu entendi que esse era em parte o motivo por que escolhi não ser mãe. Jamais saberia como teria sido a minha vida se a decisão fosse outra, mas precisaria viver com essa, assim como todos vivemos com as nossas escolhas.

Havia tanta coisa que eu não sabia. Eu ainda não sabia jogar xadrez e não fazia questão de aprender. Não sabia como criar um filho para se sentir amado, seguro e independente. Não sabia como era de verdade a vida de Margaret, se ela era feliz, se pensava em mim. Muitas vezes desejei ter conseguido achar mais reservas de humor e riso para ela, para mim, quando morávamos na mesma casa. Tentei me lembrar de quando percebi pela primeira vez que era responsável por seu comportamento e seu futuro. Perguntei-me se todo o tempo em que pensei estar me esforçando para ajudá-la fazia alguma diferença. Se eu realmente tinha feito alguma coisa além de me preocupar. Para algumas dessas perguntas, não sei ao certo se queria saber as respostas.

Havia um punhado de coisas que eu sabia. Tinha absoluta certeza de que jamais viria a ser mãe, mas também sabia o que era ser tia e irmã, o que significava muito para mim. Me dava um prazer enorme ver minha irmã e meu cunhado terem tanto sucesso nessa tarefa importante. Também comecei a perceber que cabe a nós moldarmos nossas vidas e curar as feridas da melhor maneira que pudermos. Se damos sorte, temos gente que amamos e chamamos de família. Quanto aos meus irmãos, eu estava aprendendo a torcer para desenvolver relacionamentos adultos com cada um, agora que morávamos mais perto uns dos outros. E eu decidira tentar abrir mão das minhas expectativas em relação a como deveriam ser esses relacionamentos. Decidira apenas ver o que aconteceria. Quanto a todas aquelas coisas que continuavam misteriosas e desconhecidas, só me restava esperar estar atenta paro o caso de as respostas surgirem um dia.

Naquela noite, deitada, insone, na minha casa silenciosa, pude ouvir o eterno vento no Desfiladeiro do Rio Columbia açoitando o telhado e assoviando nos beirais. Fechei os olhos e escutei a escuridão assoviar. Então, adormeci com a imagem mental dos dois, Margaret e Tony: Margaret, correndo pelo corredor escuro trajada com a camisola de flanela, tal qual o próprio vento, segurando com força em uma das mãos uma capa de disco velha e repreendendo a si mesma, e Tony, falando enquanto dormia, apertando contra o peito o velho cobertor de quando era bebê.

Vi os dois e vi a verdade. Nos agarramos com tanta força ao que valorizamos, sem saber que se agarrar ao que nos é preciso só faz com que isso nos escape mais depressa, sem nos darmos conta de que, se usássemos menos força, os objetos do nosso afeto se tornariam mais leves do que o ar que respiramos, mais mágicos que os nossos sonhos, mais constantes do que o sono. E nisso podemos encontrar descanso.

9. E agora, Margaret?

Se você não consegue ter bom humor e graça ao participar de esportes ou brincadeiras, é melhor evitar participar. Lamentar a própria sorte, dar desculpas, reclamar e protestar contra a injustiça não levarão ninguém a lugar algum.

— "Sobre espírito esportivo", GUIA DE ETIQUETA DE EMILY POST

Numa esplendorosa manhã de junho, me vi sob o sol no meu jardim da frente, com a mangueira na mão, molhando as mudas que plantara recentemente na lateral do gramado. Desde que me mudei para o Oregon, cuidar do jardim tem me dado um prazer que jamais imaginei ser possível. Como é gratificante planejar, abrir espaço e plantar sementes pequenas e delicadas. Começar. Que surpresa observar esses brotinhos verdes crescerem e florirem, e até se proliferarem. Fiquei feliz por não ter abandonado a jardinagem depois da primeira tentativa, cujo resultado foi um massacre de mudas. Na época, eu morava no Novo México e jamais me ocorrera que o solo e o clima tivessem tanto a ver com a destruição em massa que se seguiu às minhas primeiras tentativas. Sempre culpei a mim mesma.

Eu vinha pensando um bocado em começos. Nem tanto em primeiras tentativas quanto em segundas experiências e segundas chances. Jamais fui muito boa em perseverar, a menos que não encontrasse dificuldades iniciais. Estava habituada a ter sucesso fácil — nos estudos, nos esportes, na música — ou não ter, ponto. Lá estava eu agora, na minha quarta década de vida, começando de novo vários tipos de coisas — atividades, trabalho e relacionamentos —, por mais inconcebíveis que pudessem ter sido alguns anos antes.

Tudo isso me passava pela cabeça enquanto eu espirrava a água da mangueira nos botões de festuca-azul, de milfurada e lavanda. Inexplicavelmente, o vento, que agitava os ramos diminutos do pinheiro miniatura que plantei para Brendan, me animou. Eu passara horas arrancando mato daquele local, remexendo a terra, escolhendo as plantas, planejando a disposição, cobrindo com uma manta, adicionando adubo. E de repente tudo que eu imaginara estava ali. Era tão gratificante e tão incomum.

Até então, minha vida não tinha sido tão arrumadinha quanto aquele pequeno pedaço de terra. Eu crescera com a dinâmica do autismo, logo estava habituada a surpresas, porém desabituada a finais felizes. Havia sido treinada para enfrentar o final peculiar, a crise e o clímax do imprevisível e do inadministrável. Mesmo não morando com minha irmã havia quase vinte anos, quando o assunto era Margaret eu sempre esperava o pior. Esse cenário sombrio de alguma forma contaminara meu cotidiano anos antes, me provendo de uma incrível habilidade para imaginar desastres. Primeiro por hábito e depois por talento, eu passava um bocado de tempo imaginando tragédias, coisas que jamais aconteceram de verdade: acidentes de carro, incêndios, lutas corporais, crimes em geral e caos. Toda vez que Brendan se atrasava cinco minutos, eu tinha certeza de que a polícia estava tirando seu carro de um pântano congelado. Quando o gato não aparecia à noite, decerto um cão raivoso o pegara. Quando o avião encontrava um trecho de turbulência, eu precisava me conter para não agarrar a mão do desconhecido sentado ao meu lado e lhe falar das coisas que me eram mais importantes na vida.

Eu vinha tentando me livrar desse hábito. Era muito estressante. Além disso, meu lado racional sabia que existem pessoas que vivem em crise dia sim, dia não, e que eu devia agradecer por ter deixado de ser uma delas.

Enquanto molhava meu jardim cheio de cores, pensei na viagem que pretendia fazer para encontrar minha irmã e admiti que estava nervosa com o risco de imprevistos. Eu vinha adiando essa visita havia meses, sem um bom motivo. Porém tinha certeza de que em grande parte minha hesitação se devia ao fato de eu não saber o que aconteceria quando chegasse lá. Estava ciente do que podia acontecer: talvez depois de dirigir quase quinhentos quilômetros até sua casa, ela batesse a porta na minha cara. Fazia muito tempo que isso não acontecia, mas continuava sendo uma possibilidade real.

Mais de seis meses tinham se passado desde que eu convidara Margaret para fazer uma caminhada comigo. A princípio, o inverno me impedira de pegar a estrada; estradas cobertas de gelo que levavam do Desfiladeiro do Rio Columbia para as planícies desertas do leste de Washington eram um desafio grande demais para o meu carro e os meus nervos. Mas a neve já derretera havia bastante tempo, e agora o que me impedia era apenas a incerteza. Seis meses é um bocado de tempo sem ver alguém, mas, quando se trata de Margaret, pode parecer o mesmo que seis dias ou seis anos. Eu não sabia que ideia ela tinha de tempo. Para Margaret, cinco minutos podiam soar como uma eternidade quando ela precisava esperar. No entanto, minha irmã era capaz de me receber após vários meses como se tivesse me visto na véspera. Como sua capacidade de comunicação era tão limitada, não nos correspondíamos, ao menos não de uma forma normal. De vez em quando eu lhe enviava um cartão-postal. Às vezes, eu telefonava e conversava com um funcionário da casa sobre o que Margaret andava fazendo. No final da conversa, o telefone era passado para Margaret, que, em geral, me dava um alô e simplesmente desligava. O resultado: enormes períodos de silêncio entre nossos encontros.

Não que tivéssemos muito assunto para pôr em dia. Margaret pouco fala, por isso minha expectativa era enfrentar bastante silêncio e talvez um pouco de cantoria ou um punhado de exclamações.

Ou sussurros por trás da mão em concha. Se quisesse saber como ela vinha passando, eu precisaria perguntar aos cuidadores, as pessoas que são pagas para garantir que Margaret faça três refeições diárias, tome banho, escove os dentes, frequente a aula de natação e saia do vestiário com o maiô do lado certo. Essas pessoas são quase desconhecidas para mim, mas habitam o cotidiano da minha irmã e criam a estabilidade necessária para ela, exatamente como a família fazia antes.

Se eu perguntasse a Margaret como ela estava, minha irmã não conseguiria responder. E também não conseguiria me fazer essa pergunta. Duvido que ela sequer entenda o significado dessas perguntas no contexto em que normalmente as fazemos: me fale sobre o que você anda pensando, dos seus sentimentos. Como estão suas feridas antigas? Existem feridas novas? E as suas alegrias? Por isso, não conversaríamos muito, ao contrário do que costuma acontecer com algumas irmãs. Teríamos apenas o dia — um passeio de carro, uma caminhada, um almoço, a volta para casa, coisas que ambas apreciávamos. Teríamos tão somente aquelas poucas horas para estarmos juntas — na maior parte do tempo em silêncio —, e talvez fosse suficiente.

Na época, eu estava muito consciente da ausência de Margaret na minha vida. Não sentia saudade dos maus momentos, dos anos de tensão familiar e dos surtos violentos — anos que eu passara me sentindo ao mesmo tempo responsável e ressentida, ineficaz e vítima de ingratidão. Inúmeras vezes, Margaret desenvolvera uma raiva ou um pânico devido a algo que ela era incapaz de nomear. E não havia absolutamente nada a ser feito senão esperar que passasse, como se espera que aconteça com um tufão. Mas lutávamos contra isso, de todo jeito, tentando acalmá-la, tentando impedi-la de se atirar no chão ou contra as paredes, usando palavras tranquilizadoras para tentar domar a gritaria com nossa própria raiva e lágrimas de impotência. Aqueles anos foram uma batalha e projetaram uma sombra sobre nós que se estendeu até os nossos trinta e poucos anos.

Passeando em uma praia do México no Natal, meu irmão Mike me contou sobre a turbulência emocional que um amigo vinha enfrentando. "É", comentei, "já tive depressão também. Foi muito, muito, difícil." Mike assentiu. "Mas só durou uns vinte anos", acrescentei. E nós dois caímos na gargalhada. Talvez tenha levado esse tempo todo para a tranquilidade se instalar, para a poeira assentar, para que eu sentisse a ausência de Margaret em minha vida.

Eu tinha saudade da minha irmã. Sentia falta da sua presença física. Sentia falta do seu corpo avantajado, da textura da sua mão macia na minha quando ela estava feliz, do som da sua gargalhada alegre, do seu sorriso verdadeiro, bonito, não do falso, reservado para a câmera. Se fechasse os olhos, eu veria Margaret usando uma blusa listrada de vermelho e branco, jeans com elástico na cintura e tênis branco — seu uniforme de adolescente. Seu cabelo é curto e com franja, como o meu, nosso eterno corte de cabelo. Inspirei essa lembrança e senti o cheiro de espaguete, uma de suas comidas favoritas. Ela quase sempre se sujava porque comia rápido demais. Não era um cheiro desagradável, embora em geral eu sentisse vergonha dela. Mas me habituei às manchas em suas camisetas, me habituei a ajudar minha mãe a escolher "as roupas coloridas de Margaret" em que as manchas não se destacavam tanto. Mais tarde, quando fui para a faculdade e minha amiga Anne apontava os próprios seios e se referia a eles como "o aparador de migalhas", eu me lembrava da minha irmã bem dotada e ria. Talvez Margaret não fosse tão estranha, afinal.

Quando éramos crianças, Margaret cheirava a flores, hidratante e talco depois do banho da noite. Ela rodopiava pelo quarto descalça, em sua camisola longa de algodão. Subia a escada rindo, com o cachorro latindo de excitação e mordiscando a bainha da camisola. "Vou chegar primeiro!", gritava ela, antes de desabar às gargalhadas na cama do quarto que dividíamos.

Eu já estava na faculdade e tínhamos nossos vinte anos, mas ela continuava a fazer isso. Essas ocasiões eram melhores do que os dias ruins — quando seus gritos podiam durar horas, atraindo os vizinhos e até mesmo a polícia para nossa casa.

Lembro da sensação daqueles braços magricelas me enlaçando quando ela me apertava de encontro à barriga grande e macia, rindo de alguma piada que ela mesma fizera. Margaret me abraçava com tanta força que me levantava do chão. Também costumava me pegar pelo pescoço como se eu não pesasse nada. Mas fazia anos que minha irmã não me abraçava desse jeito. Também não me batia, não me beliscava, nem estapeava o alto da minha cabeça, nem cuspia em mim como no passado. Na casa dos meus pais, eu já não entrava mais na cozinha com o traseiro grudado à parede, na defensiva contra algum tipo de ataque silencioso, mas inevitável. Quando assumia sua personalidade barulhenta, nosso pai a chamava de Trovão, mas quando queria dar o bote em qualquer um de nós, sua sutileza era digna de um Jedi. Mas isso acabou.

Os minutos e horas e dias que gastamos tentando obrigá-la a se comportar, a parar de fazer as coisas que não queríamos que fizesse, encontram-se amontoados em um closet do nosso passado, acumulando poeira como os discos antigos no porão dos meus pais. Nada tem sentido agora, embora à época achássemos que repreendê-la e redirecionar o seu comportamento fosse tudo que fazíamos. Tentando me forçar a ser racional, eu às vezes dizia: "Por favor, não me bata, Margaret. Dói quando você faz isso e sei que você é educada." Ou, numa reação menos equilibrada, eu era capaz de gritar algo do tipo: "PORRA, Margaret! Pare de me bater!" Ela simplesmente ria e repetia como papagaio: "Você pare de me bater! Ha! Ha! Ha!" Depois erguia a mão para fingir que me bateria de novo e então ria mais um pouco e se afastava correndo.

Às vezes, ela tentava se comportar. Dava para ver que ela estava tentando. E nós realmente tentávamos encontrar um jeito de ajudá-la a entender o que estávamos lhe pedindo. Quando era adolescente, Mike uma vez sentou-se à mesa e calmamente explicou a Margaret por que não era bacana cuspir nas pessoas, sobretudo cuspir o próprio jantar nos outros quando estavam jantando. A fase das cusparadas vinha enfurecendo todo mundo e ele tentava fazê-la entender. Margaret, com expressão séria, falou "Okay, Mike", e assentiu como se concordasse totalmente que seria uma ótima ideia ela usar suas boas maneiras à mesa dali em diante. Então tomou um grande gole de refrigerante, segurou-o na boca e soltou uma gargalhada, molhando Mike com a bebida açucarada. Mike apenas fechou os olhos, enxugou o rosto com a camiseta e saiu da mesa sem dizer uma palavra. Certa vez, durante a fase das cusparadas, ele e nosso irmão Larry experimentaram uma outra tática — retribuir as cusparadas de Margaret com suas próprias. Ela achou tudo hilário. Os três ficaram sentados à mesa da cozinha, três Fontanas di Trevi, esguichando refrigerante e suco para o ar e morrendo de rir.

Foi basicamente assim que administramos a situação durante mais ou menos trinta anos. Tentando isso, depois aquilo, depois outra coisa. Esse método de educação era exaustivo para nós, crianças, e quase sempre parecia totalmente inútil. Margaret aparentava parar de fazer as coisas somente quando lhe dava na telha. Justo quando desistíamos de obrigá-la a parar, ela abandonava um comportamento que há meses tentávamos mudar. Como jogar o leite no ralo. Como cuspir na própria camiseta e depois enxugar o cuspe com o dedo. Como aumentar loucamente o volume do som em certos trechos de um disco, nos levando a gritar "Abaixe isso, Margaret!". Como falar sozinha. Como bater nas visitas.

Por que eu sentiria saudade desse tipo de comportamento? Porque era parte de mim, e porque era tudo que eu tinha. Era assim que eu conhecia minha irmã — como essa massa gigantesca de comportamento destrutivo, motivação irracional e imprevisível e uma enorme afeição. Crescendo na companhia de Margaret, sempre achei que as coisas estavam prestes a escapar do controle, e eu jamais soube como lidar com o que quer que acontecesse em seguida, mas me habituei. Eu tinha um sonho recorrente quando éramos mais novas: me via dirigindo um carro por uma estrada traiçoeira, cheia de curvas, à noite. Nevava, e eu queria reduzir a velocidade, mas, quando pisava no freio, nada acontecia. Então me dava conta de estar no banco do carona.

Eu já não me encontrava muito com minha irmã. Tem um velho ditado que diz: "A gente não sabe o que tem até o dia em deixamos de ter." Não era tão simples. Era mais como odiar gelatina e ficar sem a gelatina. A gente continua odiando gelatina, mas sente falta de uma sobremesa, e então se dá conta de que gelatina é melhor do que ficar sem sobremesa. A perda que eu sentia era, em parte, apenas a vida seguindo seu curso. Já adulta, me mudei e viajei, pois tinha liberdade e meios para tanto. Minha irmã não fez nada disso porque não pôde. Ficou no mesmo lugar e só nos vemos quando volto à casa da minha infância.

Existe outra razão para eu tê-la encontrado menos: alguns anos atrás, eu disse a meus pais que preferia me encontrar com Margaret sozinha quando fosse visitá-los, em vez de encontrá-la na casa do lago. Tradução: não convidem Margaret. O comportamento da minha irmã em reuniões familiares se tornara insuportável para mim. A reação da minha família ao seu comportamento se tornara ainda mais insuportável. Mesmo quando minhas visitas se tornaram cada vez mais breves, elas continuaram tingidas pelos surtos dramáticos de Margaret e pelo consequente fracionamento da família devido ao fracasso, coletivo e individual, em lidar com isso. E, ao contrário de quando éramos crianças, não havia intervalos entre esses momentos tensos para aproveitar o que era bom. Eu voltava totalmente esgotada para onde estivesse morando na época. Tinha enxaqueca no avião, torcicolo e dor nas costas. Retornava ao trabalho exausta, como se não tivesse tirado férias. Não sei como Margaret se sentia, mas me arrisco a apostar que também ficava desgastada.

Assim, ela deixou de ser convidada. O resto de nós se reunia na casa de verão, e esses encontros eram mais tranquilos e agradáveis do que jamais vivenciáramos como família. E, quando eu me encontrava com Margaret a sós, ela me parecia uma pessoa diferente. Eu a apanhava em casa para almoçar ou tomar um café, e ela ficava calada, vigilante. Sempre parecia feliz por me ver. Tínhamos o que se pode chamar de momentos "normais" juntas. Mas, ainda assim, eu sempre sentia que havia perdido algo. Jamais discutimos esse assunto em família. Por outro lado, nunca fomos uma família disposta a discutir muita coisa. Sempre tivemos mais tendência a ruminações silenciosas e surtos emocionais não resolvidos. Tenho absoluta certeza, porém, de que meus pais não concordavam com minha opinião de que tudo estava melhor assim. Porque é isso que não paro de dizer a mim mesma: era melhor assim, estabelecer limites, para ela e para mim, tentar agir como a adulta que eu queria ser e não como a criança que fui um dia. Eu queria mudar os parâmetros do nosso relacionamento como fizera com os outros irmãos agora adultos, embora, nesse caso, por escolha mútua.

Refletindo sobre tudo isso, levei a mangueira para a roseira na frente do gramado e mirei nas raízes, a fim de evitar arrancar folhas com a água. Elas já estavam lá quando nos mudamos, oito roseiras num emaranhado de espinhos e ervas daninhas e brotos partidos. Deixei-as em paz durante o primeiro ano, enquanto nos estabelecíamos na casa. Na primavera, executei a poda do século, ou, pelo menos, a primeira poda que teriam neste século. Passei horas agachada cortando os galhos mortos, arrancando grama e mato, reduzindo os caules que se sufocavam a uns poucos saudáveis. Enrosquei o cabelo nos ramos e cortei os braços nos espinhos afiados. Quando terminei, dei um passo atrás para admirar meu feito e entrei em pânico. Apesar de todo o cuidado nas minhas escolhas, o cenário parecia o de um massacre. Perguntei-me se as rosas voltariam um dia. Mas esperei, rezei e molhei, e agora aqui estão elas — maravilhosas, explodindo com saúde e dando brotos enormes. Senti-me vingada, mas sobretudo feliz de vê-las tão esfuziantes. Isso foi uma coisa que aprendi sobre os benefícios de recomeçar, de voltar a tentar quando se pensa que algo é impossível.

Minha viagem de carro até Spokane era de pouco mais de 450 quilômetros. Isso dava quatro horas e meia dirigindo sem paradas, salvo para um cafezinho para mim e um pit stop para Dizzy, o cachorro. Eram dez da noite quando estacionei na frente da casa do meu irmão Larry. Conversamos algum tempo e depois fui dormir na minha van de camping com meu vira-lata. Acordei na manhã seguinte diante da casa de Larry, contemplando a paisagem da cidade em que nasci. Estava a cerca de um quilômetro e meio da casa em que fui criada. Pinheiros se agitavam sob a luz fraca do sol. Saí da van e rumei, meio enferrujada, para a casa, esperançosa de encontrar café. Achei que um vizinho estava me observando enquanto eu andava até a casa, mas provavelmente foi apenas minha imaginação. Cresci achando que todos estavam sempre de olho em nós. Isso porque em geral era o que acontecia mesmo.

O transtorno da minha irmã ofuscou todos os acontecimentos importantes da minha vida, desde a Primeira Comunhão e da formatura na oitava série até o meu primeiro dia de faculdade e o meu casamento. É justo dizer que o autismo dela pairou acima de mim até no meu nascimento. No meu vigésimo sétimo aniversário, sentei-me à mesa com minha mãe, com uma pergunta na ponta da língua: Como era a sua vida quando você tinha vinte e sete anos? Eu queria saber. Ela tinha essa idade quando nasci, eu, a sua caçula. Queria saber o que ela pensava enquanto eu flutuava em sua barriga. "O que você pensava a meu respeito?", eu quis perguntar. "O que você me dizia quando estávamos as duas sozinhas?" Mas não tive a oportunidade de indagar. Minha mãe conversava com a minha amiga enquanto esperávamos a chegada do jantar e ouvi quando ela falou: "O autismo de Margaret foi diagnosticado no outono de 1970. Ela tinha apenas três anos." Foi como um soco no meu estômago. Minha mãe não reparou, mas para mim esta era a minha história: meu aniversário é o aniversário do autismo de Margaret.

Na casa de Larry, aguardei até o nível de cafeína em meu sangue estar satisfatório e depois dirigi pela Washington Street, a artéria que liga a zona norte à sul e divide Spokane ao meio. Passei por uma área reurbanizada do centro, pelo Parque Riverfront, o local da Expo 74. A ponte me levou até o outro lado do Rio Spokane e morro acima, até a região da Universidade Gonzaga. Frequentamos o ensino médio perto dali, todos nós, com exceção de Margaret. Dois dos meus irmãos foram para a universidade, e Larry concluiu a faculdade de direito nesse bairro. Ann e Larry se casaram ali, e eu aprendi a beber cerveja por um funil. Mike passou perto de bater com o carro mais de uma vez nas manhãs de nevasca quando íamos para a escola. Esse bairro sempre foi uma espécie de campo de testes para a nossa família, de um jeito ou de outro. Mesmo agora eu meio que esperava ver uma versão mais jovem do meu irmão Larry descendo a Hamilton Boulevard em disparada com Mike no banco do carona e Vanessa McRae e eu no banco de trás.

Quando estacionei em frente à casa de Margaret, eram mais ou menos dez da manhã. Estava no meio do caminho até a porta quando ela foi aberta com força, revelando a figura avantajada da minha irmã.

— Oi, Eileen! — saudou Margaret, sorrindo por me ver.

Que alívio! Ela vestia a calça de moletom bege que eu lhe dera no verão anterior e uma blusa de mangas curtas que eu mesma escolhera. Da última vez que tínhamos feito uma caminhada, ela usara uma calça de linho e uma blusa de manga comprida. Nem uma nem outra funcionaram bem naquele calor empoeirado. Hoje, Margaret também pusera uma jaqueta de fleece cor de framboesa, combinando com a blusa. O cabelo havia sido cortado tinha pouco tempo. Minha irmã estava ótima e sorrindo. Graças a Deus.

— Oi, Eileen! — repetiu e me abraçou.

Minha irmã grandalhona e gorducha. Foi um abraço rápido, mas foi um abraço, não aquele à distância do outono passado, quando ela me pareceu menos segura sobre querer ir a algum lugar comigo. Naquele dia, ela mal conseguia me olhar e ficava resmungando baixinho, fazendo caretas e evitando me encarar quando fomos fazer compras.

Uma jovem chegou até a varanda e se apresentou. Era Alicia, a que tinha encorajado Margaret a me telefonar. Nova funcionária, Alicia era a "encarregada" de Margaret, a funcionária mais ligada ao cotidiano da minha irmã e aquela que tentava ajudá-la a fazer o que queria: achar um trabalho, ir nadar, fazer compras. Alicia era inteligente, bonita e genuinamente calorosa. "Margaret estava muito animada com a sua visita", me disse. E mais tarde, quando lhe perguntei o que Margaret andava fazendo, ela me pôs a par de tudo. Aparentemente, Margaret gostava muito dela, já que sorriu e se despediu de Alicia com um abraço antes de entrar no carro. Quando eu já ia saindo, a moça me disse: "Eu adoro Margaret."

Eu quis acreditar. Dava para ver que Margaret retribuía. Eu precisava crer que Margaret morava com pessoas que realmente se importavam com seu bem-estar, que a viam como um indivíduo.

Não era fácil acreditar, porque eu já encontrara um monte de Alicias: homens e mulheres jovens e gentis, quase sempre estudantes, que desempenhavam bem suas funções e acabavam indo embora para ter carreiras que pagassem melhor e fossem mais fáceis. Eu queria que alguém ficasse na casa e estivesse sempre ali para Margaret, como um parente. Mas como esperar que um estranho fizesse isso quando eu mesma não conseguia? E por que eu continuava me sentindo culpada por não cuidar da minha irmã? Ninguém nunca me pedira isso, e com certeza eu não era qualificada para aquele trabalho, nem do ponto de vista de temperamento nem de treinamento. Mas eu cuidara dela enquanto crescíamos, por motivos óbvios. Fui sua irmã mais velha, mas ainda me sentia responsável por ela como adulta, e sentia culpa. Por mais que eu tentasse aceitar que simplesmente não seria bom para nenhuma de nós duas, era difícil deixar de lado a culpa do sobrevivente; eu me habituara à sensação de carregar essa culpa, do mesmo jeito que nosso pai carregava um engradado de cerveja do ancoradouro para o nosso barco.

Margaret havia, agora, saído em desabalada carreira em direção à van. Dizzy balançou o rabo para cumprimentá-la e conseguiu um tapinha carinhoso da minha irmã em seu focinho. Nós duas entramos na van.

— Oi, Eillen! — repetiu Margaret, batendo com força a porta.

A van balançou de um lado para o outro enquanto eu me lembrava, de novo, que Margaret fecha qualquer porta como se fosse o Incrível Hulk.

— Oi, Marge! — retribuí, me inclinando sobre o intervalo entre os bancos para lhe dar outro abraço, ainda impactada pela sua presença física. —Você está muito bonita. Quem lhe deu essa jaqueta?

Ela olhou a jaqueta e alisou-a com o dedo.

— Ann — respondeu, confiante, querendo me dizer que havia sido a nossa irmã, algo de que duvidei. — Você quer dar uma ca-

minhada? — perguntou, mas não era propriamente uma pergunta. O que ela quis dizer foi: "Eu quero dar uma caminhada."
Mesmo assim, respondi:
— Quero, sim.
E tirei da bolsa o meu caderno.
Nós, os Garvins, somos pessoas ansiosas. Nesse dia, eu estava ansiosa por uma questão de hábito, e minha irmã estava ansiosa porque é autista. Ou talvez isso nada tenha a ver com seu autismo; talvez seja apenas a esquisitice da família que torna mais difícil para ela suportar seu distúrbio. Qualquer que fosse o caso, para o bem de nós duas, eu elaborara uma lista de tudo que faríamos naquele dia. Tanto Margaret quanto eu sempre fomos elaboradoras compulsivas de listas. Margaret enchia um caderno inteiro quando algo lhe vinha à cabeça, listas de palavras como "lago" ou "almoço" ou "Mike". Degraus de palavras subiam e desciam pela folhas pautadas. Minha agenda, menos linear, parecia uma peça-chave do enredo do filme Amnésia. Mas achei que, se eu planejasse o nosso dia e anotasse tudo, poderíamos consultar as notas caso uma de nós começasse a ficar nervosa. Escrevi "Lista de Eileen e Margaret" no alto. Entreguei o bloco à minha irmã e lhe pedi para ler. Ela examinou a lista e acompanhou a leitura de cada item com um dedo.
— Casa. Compras. Caminhada. Almoço. Compras. Casa! — concluiu com um floreio.
— Onde estamos agora?
Margaret olhou pela janela:
— Casa!
— E depois?
Ela consultou o bloco:
— Compras!
— Isso mesmo. Vamos comprar um lanchinho para comer na caminhada.
E foi o que fizemos.
A Huckleberry's, uma loja especializada em alimentos orgânicos e naturais, fica no lado sul da cidade. Me afligi um pouco quanto a essa loja, porque ela também fica no caminho para

a casa dos meus pais, e eu não queria que Margaret pensasse que estávamos indo para lá. Ou insistisse em dar uma paradinha, estragando a minha programação do dia. Mas ela não fez qualquer menção a isso enquanto subíamos o morro e entrávamos no estacionamento da Huckleberry's. Mal paramos a van e Margaret já havia descido, e ela estava a meio caminho da loja quando a alcancei. Peguei uma cesta, que lhe pedi para segurar. A Huckleberry's estava lotada. Margaret caminhou por entre a clientela, decidida, como se estivesse num concurso de compras cronometradas. Mas é assim que ela anda mesmo. A maioria dos fregueses não reparou. Vez por outra, alguém percebia seus movimentos às costas e saía do caminho, assustado ou irritado. Mantive um sorriso idiota no rosto, como se isso fosse suavizar algum problema. "Oi! Somos do bem! Só um pouquinho esquisitas", dizia o meu sorriso.

Barrinhas de cereal, mix de frutas secas e castanhas, maçãs e água. Com nossas compras rapidamente feitas, Margaret pousou com estrondo a cesta no balcão. O caixa rapidamente voltou o olhar para mim, porque minha irmã não o encarou. Mas foi amistoso, ainda assim. Paguei. Agradeci. Fomos embora.

— E agora, Margaret? — perguntei à minha irmã.
— Caminhada! — respondeu ela, agora sorrindo.

Rodovia Interestadual 90. É uma das mais compridas do país, indo de Seattle até o Meio-Oeste. Durante trinta anos, minha família percorreu cerca de cinquenta quilômetros dela para ir da cidade até "o Lago", como chamávamos o Lago Coeur d'Alene. O trecho que sempre usávamos nos levava do centro de Spokane até o campo aberto que parecia uma zona rural: vacas pastando, ocasionalmente um cavalo, velhas fazendas acolhedoras sob a sombra de altos salgueiros. Qualquer coisa semelhante com uma zona rural entre Spokane e o Lago Coeur d'Alene deixou de existir durante a década de 1990. Primeiro vieram os outlets, depois empreendimentos imobiliários se espalharam pelos morros como acne num adolescente. O tráfego agora era constante e intenso.

Fiquei imaginando aonde aquela gente toda estaria indo e onde trabalhavam os moradores dali.

Quando eu era pequena, o campo aberto me ninava e eu estaria cochilando quando chegássemos à marina. Era um belo momento de transição, que nos levava das nossas vidas na cidade para o ritmo tranquilo do lago. Nós sete nos empilhávamos na van com gatos, cachorros, passarinhos na gaiola e comida para uma semana ou mais. Na marina, botávamos tudo no barco e atravessávamos o curto trecho de água entre o ancoradouro e a nossa casa, descarregávamos o barco e pronto. Nossa própria praia arenosa, nosso ancoradouro de madeira, a água fria e a mata tranquila atrás da casa. Desde 1973, esse tinha sido nosso lugar de reunião, um local isolado sem estrada. Qualquer um que quisesse chegar até lá precisava de um barco e disposição para passar a noite depois que escurecia. Um paraíso ou uma prisão, dependendo do ponto de vista. Com frequência, para mim, dependia do humor da minha irmã e de que tipo de reação suas ações provocariam em nós.

Como mencionei, tivemos momentos maravilhosos ali sem Margaret nas temporadas mais recentes. Meu pai me mandou um e-mail após a primeira experiência, dizendo que jamais aproveitara tanto. Não mencionou a ausência da minha irmã, mas nós, os irmãos, nos sentimos mais relaxados por não estarmos todos prendendo o fôlego durante o final de semana inteiro. Talvez meu pai também tenha se sentido assim. Quanto à minha irmã Margaret, sinceramente acredito que compartilhar tudo isso conosco a deixava infeliz. Não quando éramos crianças, mas na juventude. Ela jamais conseguiu passar toda uma estadia sem desmoronar totalmente. E, quando não ficava nervosa, se recolhia, ensimesmada, ouvindo música ou se balançando, na tentativa de erguer um muro que a separasse de nós. Num sábado normal de julho, chegávamos a vinte pessoas, todas falando e rindo e ouvindo música. Como isso podia ser divertido para Margaret? Como ela não iria explodir? Quando penso sob esse ângulo, faz sentido vê-la tão calma, tão calada a sós comigo. E eu pude acreditar, durante aquelas horas, que aquele era um tempo bom, um período de transição para algo novo e melhor para todos nós.

Margaret e eu continuamos a viagem sentindo a estrada passar sob os pneus. Nenhuma das duas falou muito, mas era um silêncio fácil. Ao menos, mais fácil do que havia sido no passado. Quando nos aproximamos da saída para a cidade de Coeur d'Alene, fiquei nervosa. Passaríamos pela marina a caminho do local que eu escolhera para a caminhada. Mesmo que ela tivesse dito que queria fazer a caminhada, aquilo podia ser desastroso, já que perturbar sua rotina sempre foi uma receita perfeita para fazê-la ter uma crise. Eu já me imaginava dirigindo pela Interestadual 90 com Margaret gritando e se contorcendo no banco do carona, enquanto eu tentava manter a van na estrada: "Você está indo para o LAAAAAAGO! Você está indo para o LAAAAAAGO! Aaaaaaaah!" Essa era a imagem que eu via mentalmente. Era o que eu costumava ver o tempo todo (além de um acidente de carro, devo acrescentar). Mas de novo me enganei. Passamos pela saída para a nossa marina, e Margaret simplesmente virou a cabeça para vê-la ficar para trás.

Mais quinze quilômetros de Interestadual 90. Cinco quilômetros da Rodovia 97. Paramos na entrada da trilha e descemos do carro. Eu tinha levado minha mochila térmica para Margaret e arrumado outra mochila com água, lanchinhos, filtro solar e um mapa. Minha intenção era garantir que Margaret, uma novata em caminhadas, se sentisse o mais confortável possível e se divertisse bastante. Nossa, como me achei preparada. Consegui pendurar as alças da mochila nos ombros esbeltos de Margaret, mas não prender as tiras em sua cintura rubenesca. Assim, ela teria de ficar apenas a tiracolo. Minha irmã não pareceu se incomodar com isso.

— Pronta?

— Você vai fazer caminhada, Eileen!

Não dava para acreditar como tudo vinha correndo bem até agora. Com o que eu me preocupara lá no meu jardim, afinal?

— Vamos! — falei para Margaret e para Dizzy, que deu um pulo no ar e lambeu meu nariz.

Girei nos calcanhares e comecei a caminhar na trilha. Estávamos a caminho para ver o Mágico de Oz!

Então, às minhas costas ouvi Margaret dizer:

— Almoço?

Meu coração se apertou. Eu sabia que tinha me esquecido de alguma coisa.

— Margaret, o que você comeu no café da manhã?

— Cereais!

Fantástico. Não exatamente o café da manhã dos campeões. E isso devia ter sido umas cinco horas antes, já que ela costumava acordar ao alvorecer. Por isso, entreguei à minha irmã uma barrinha sabor manteiga de amendoim e torci para funcionar.

Era uma subida. A trilha se estendia sob imensas sombras de pinheiros. Moitas de cerejas-da-neve e de framboesas vermelhas margeavam o terreno macio de terra e pinhas. Lupinos azuis, milefólios e margaridas salpicavam de cores a vegetação. Dizzy foi subindo a trilha e entrou nos arbustos, toda hora dando meia-volta até nós, com seu enigmático sorriso canino.

Minha irmã começou a suar logo nos minutos iniciais. Não é que resfolegasse, mas respirava com certa dificuldade. Reduzi o passo. Fizemos uma pausa à sombra. Mostrei-lhe como usar a água da mochila. Nós duas costumamos suar muito, e as cavas da blusa dela já estavam ensopadas. Assim como as tiras da mochila emprestada. Eu não previra isso quando resolvi emprestá-la, e não soube ao certo o que me deixava mais aflita: o fato de minha irmã estar empapando de suor a minha mochila ou o fato de estar usando uma mochila que eu mesma empapara de suor. Tentei pensar nas margaridas para esquecer as bactérias.

Subimos. Descansamos. Bebemos água. Não havia mais ninguém na trilha. Um silêncio absoluto, quebrado apenas pelo som dos nossos pés e o tilintar da coleira de Dizzy. De vez em quando, ouvíamos uma voz vinda do lago abaixo, o pio de um chapim, o chamado musical de um pica-pau. Em linha reta, estávamos a poucos quilômetros da casa de verão da nossa infância, mas nunca havíamos pisado nessa trilha antes. O cheiro do mato e da água era familiar, registrado nas minhas lembranças de verão e de infância. Achei que também fosse familiar para Margaret.

Nós duas perambulávamos livremente nessa mata na infância, eu com um bando de irmãos e primos. Margaret preferia ir sozinha. Quando éramos muito pequenos, minha mãe prendia uma corda ao colete salva-vidas de Margaret para se assegurar de que ela não se afastasse por conta própria. Mas não demorou para minha irmã descobrir como tirá-la se quisesse. Ela era rápida, esperta. Margaret, a raposa, diziam meus pais. Concentrava-se em alguma coisa e parecia não escutar quando a chamavam. Perdeu-se mais de uma vez, o que me aterrorizou por causa da expressão da minha mãe. Sua ausência botava a casa em polvorosa. Jamais me esqueci do medo na voz da minha mãe enquanto caminhávamos atrás da casa chamando por Margaret.

Mas, assim como ela sempre parava de bater e de cuspir e de beliscar quando lhe dava na telha, Margaret sempre acabava aparecendo, em geral antes de escurecer. Anos depois descobrimos que ficara amiga dos Ulmans, o casal que fazia biscoitos e que morava ali perto. Provavelmente era para lá que ela fugia a maior parte do tempo. Margaret e os Ulmans se conheceram na cozinha do casal um dia depois que ela entrou na casa para fazer torrada. Margaret não falava muito na época, por isso não deve ter conseguido se explicar. Ao que parece, eles a receberam bem mesmo assim; deixaram que ela fizesse a torrada, se sentasse e a comesse e depois fosse embora em silêncio. Minha irmã tornou a voltar para fazer biscoitos. Mais um dos seus segredos.

Caminhando, havíamos feito metade da trilha de cinco quilômetros e meio, o que significa que, se voltássemos dali, teríamos coberto uma distância igual à da trilha completa, mas sem a satisfação de dar a volta toda. Porém, quando alcançamos esse ponto, não houve como convencer Margaret de que subir era o mesmo que descer. Ela já estava farta.

— Almoço? — indagou. — Você vai almoçar, Eileen?

O problema era que o almoço estava a uma distância de 24 quilômetros e ficava na direção oposta. Pensando retrospectivamente, me dei conta de que devia ter dado meia-volta no início da trilha e almoçado antes de começar a caminhada. Mas não foi o que eu fiz. Por isso, estávamos lá agora.
— Depois da caminhada, Marge.
Seguimos caminhando em silêncio.
— Você vai almoçar, Eileen.
Não se tratava mais de uma pergunta.
— Que tal um lanchinho, Marge?
Enfiei a mão na mochila e lhe dei outra barrinha. Margaret examinou-a e depois me encarou. A barrinha bateu na minha testa e depois aterrissou nos arbustos.
— Você não quer a barrinha, Marge? — perguntei como se não soubesse a resposta.
— Não! Você não quer a barrinha. BarriNHA! BarriNHA!
Agora ela estava furiosa. Emitiu uma série de palavras sem sentido e ruídos extraterrestres que eram conhecidos meus de longa data. Pisoteou a trilha e ergueu um braço bem alto, coroando com um raivoso "UUUUÁÁÁÁÁ!". Eu continuei em negação.
— Que tal uma frutinha seca?
Ela arrancou o pacotinho da minha mão. Pude ver que estava faminta, do jeito como se fica faminto quando se está fora de forma e se exige do corpo algo para o qual ele não está preparado. Margaret começou a jogar bolinhas de chocolate dentro da boca. Sei que não devia, mas me aborreci.
— Margaret, coma as passas e as nozes também.
Minha irmã obedeceu, mas evitou outras frutas secas ou as jogou na terra, onde Dizzy as catou de bom grado. Margaret estava arfando e não sorria mais. Ficou claro para mim que a caminhada chegara ao fim. Eu me rendi.
— Você quer ir almoçar, Margaret? — indaguei.
— Sim!
Seu rosto se iluminou, e ela ficou de pé num pulo, começando a descer a trilha, largando para trás o pacotinho, a mochila e a mim.

Minha irmã não é muito fã de transições. Liga ou desliga. Vai ou fica. Está vestida ou subitamente nua em pelo. Essas coisas acontecem depressa. Em sua cabeça já devíamos estar no carro. Numa velocidade grande o bastante para não perdê-la de vista, peguei tudo que ficara para trás, pus na minha mochila e a segui.

Dizzy estava contente e, percebendo a guinada, desceu na cola de Margaret. Eu fiquei frustrada sem querer admitir. Quero dizer, que diferença faria darmos a volta completa? Isso significaria que a caminhada havia sido um sucesso? Isso significaria que Margaret se divertira, que eu era, segundo esse parâmetro, uma "boa irmã"? Será que ela sequer estava ciente da minha presença? Estaria com a cabeça em algum outro lugar? Como eu pretendia começar a me conectar com ela se não podíamos conversar ou fazer alguma atividade juntas? Provavelmente era apenas a queda de açúcar no meu sangue, mas me senti desencorajada. Não, desencorajada não é o termo correto. Eu estava me comportando como uma má perdedora, sem espírito esportivo. Não conseguira o que queria e me irritara. Parecia estar ainda nutrindo alguma expectativa sobre como tudo seria maravilhoso para mim, para Margaret, se pelo menos eu me esforçasse um pouco mais. Descendo o morro, eu a ultrapassei, resmungando comigo mesma. O que eu não me perguntei de cara, mas estava prestes a perguntar, foi: "Por que perder meu tempo?" Por que, afinal, fiz essa viagem? Quase mil quilômetros de ida e volta para quê? Que tipo de relacionamento eu podia honestamente esperar ter com a minha irmã, e por que não jogava logo a toalha? Se ela não se importava, por que diabos eu iria perder mais tempo do que já tinha perdido?

Ouvi minha irmã parar atrás de mim na trilha. Virei-me para ela. Margaret olhou por cima do ombro e depois tornou a me encarar.

— Dizzy — falou ela, apontando para os arbustos.

Meu cachorro, que estava sem coleira, sumira. Desaparecera na direção dos arbustos, perseguindo um esquilo talvez, ou, o mais provável, um sanduíche fantasma. Margaret deu meia-volta e ficou olhando para o paredão de vegetação que nos cercava, calada e à espera. Percebi que esperava por Dizzy. Ela estava preocupada com o meu cachorrinho, ou algo próximo à preocupação, e queria garantir que Dizzy não ficasse para trás. Entendia que nós três estávamos juntos. Isso penetrou imediatamente no meu coração.

— Dizzy! — chamei.

— Dizzy! — chamou Margaret. — Dizzy! Cadê o Dizzy?

Sua voz não era aquela monocórdia e distante, mas uma voz normal.

— Dizzy! Vem cá, Diz!

— Cadê o Dizzy?

— Vem cá, Dizzy!!!

Em instantes, ouvimos o ruído de patinhas, e a cabeça de Dizzy emergiu de uma moita, com grande entusiasmo. "Ta-nan!", pareceu dizer. "Aqui estou!"

— Olha o Dizzy! — exclamei.

— Olha o Dizzy! — repetiu minha irmã.

Margaret deu um tapinha no cachorro assim que ele voltou para a trilha e saiu pulando à nossa frente. Continuamos num silêncio feliz, pontuado pelo som dos nossos oito pés. Chegamos à entrada da trilha e nos dirigimos para a van. Enquanto atravessávamos o estacionamento, peguei a coleira de Dizzy na mochila. Sem uma palavra, Margaret a tomou da minha mão, abaixou-se e pôs a coleira na pescoço de Dizzy, como se fosse algo que fizesse diariamente, e depois levou meu cãozinho até a van. Um trio outra vez, nossos corações estavam leves: o de Margaret, porque nos aproximávamos do almoço, o de Dizzy, porque encontrara algum lanche apetitoso e impronunciável nas moitas, e eu, porque a ideia de alguém amar meu cachorro sempre me deixava feliz. Isso minha irmã podia fazer por mim.

O almoço foi tranquilo. Comemos na hamburgueria preferida da família em Coeur d'Alene, onde felizmente conseguimos um lugar no balcão após uma breve espera. Nos inclinamos sobre nossos hambúrgueres em um silêncio amistoso. O lugar estava repleto de clientes habituais, e o ar, impregnado do cheiro de carne grelhada. Ninguém falava muito, já que cada um se concentrava em comer o que tinha à frente e tentar decidir se liberariam a banqueta do bar ou pediriam outro petisco gorduroso. Uns poucos turistas entraram e começaram a questionar em tom alto se valia a pena esperar e por que não serviam batata frita. Todo mundo no balcão, salvo Margaret, revirou os olhos e continuou comendo.

Mais tarde, na calçada em frente à lanchonete, perguntei:

— E agora?

Consultamos a lista.

— Compras — leu Margaret.

— Certo, compras!

Eu não sabia por que havia incluído esse item na lista, exceto que parecia uma atividade normal, algo para estender um pouco nosso encontro. Descemos a Sherman Avenue, uma rua que a cada ano fica mais movimentada. Hordas de famílias de turistas passeavam ali, tomando sorvete de casquinha ou debatendo de pé nas esquinas sobre o que fazer em seguida, indiferentes ao tráfego de ociosos que esperavam que elas seguissem em frente. Cada quarteirão parecia ter adquirido ao menos dois restaurantes novos, com rock vazando a todo volume para a área aberta, jovens tomando cerveja e dando gargalhadas. Margaret e eu ficamos irritadas. Nós duas temos problema com barulho, embora Margaret, por conta do autismo, seja em geral mais intolerante que eu. Afinal, supostamente, eu sou a normal.

Viramos à esquerda e entramos numa rua mais calma. Partes da cidade tinham exatamente a mesma aparência de quando começamos a passar o verão ali, em 1973. Como nós, algumas coisas haviam permanecido iguais e outras não. Mudanças não são sempre boas ou ruins, pensei. Achar o equilíbrio é o que importa, bem como não esquecer de agradecer por estar em determinado lugar quando se está lá.

Margaret não olhava para mim desde que tínhamos saído da hamburgueria.

— Compras — disse ela baixinho. — Você vai fazer compras! Compras! — acrescentou, como se dissesse "Que droga!".

Quem eu pretendia enganar? Sempre odiei fazer compras quase tanto quanto ela.

— O que você acha, Margaret? Prefere ir para casa?

E de repente seu rosto se iluminou como um sol.

— Sim, por favor, Eileen!

De volta à van, tomamos nosso rumo sob uma chuva fininha. Não dissemos nenhuma palavra durante todo o percurso até em casa. Tínhamos comido. Estávamos cansadas. Era o bastante. Quando deixei minha irmã em casa, me senti feliz por ter feito a viagem. Não importava que não tivéssemos concluído a caminhada. Não importava não termos feito compras, como irmãs normais. Eu já não estava zangada por Margaret ter me empurrado no caminho para o almoço, como eu sabia que ela faria, justo quando entrei em alta velocidade numa curva da estrada. O fato de ter me abraçado imediatamente para se desculpar não ajudou muito, e foi quase tão perigoso quanto o empurrão, mas consegui manter a van na estrada.

O que realmente importava era que nós duas tínhamos feito o possível para passar a tarde juntas. Isso me deixou feliz e garanto que Margaret sentia o mesmo. Ela sorriu e acenou com entusiasmo para mim, enquanto eu estava de pé na varanda me despedindo.

— Okay! Obrigada pelo almoço! Muito obrigada por ter vindo, Eileen! Tchau, Dizzy!

Ainda sorrindo e acenando efusivamente, Margaret bateu a porta na minha cara.

Meses se passaram. O verão voou e eu não visitei minha irmã de novo. Tinha falado com Margaret rapidamente ao telefone. Combinei com um dos funcionários da casa uma visita à minha casa. Isso exigiria algumas providências. Logisticamente, demandava uma viagem de carro de duas horas e meia da minha parte para encontrar Margaret e Clifford, que se oferecera para levá-la até a metade do caminho em seu carro. Depois iríamos passar a tarde, a noite e o dia e a noite seguintes na minha casa. No terceiro dia, voltaríamos ao mesmo ponto de encontro depois do almoço, onde eu a entregaria a Clifford. Na minha cabeça, a ideia parecia ótima. Planejei atividades que esperava que fossem agradar a nós duas. Mas também estava de volta à incerteza quanto ao futuro. Aquela seria uma experiência, e, até vivenciá-la, eu não tinha como saber o que de fato ocorreria quando ela chegasse, nem como nós duas nos sentiríamos.

Vi-me novamente no quintal no começo do outono. O sol e a água de um verão maravilhosos haviam transformado o quintal dos fundos numa selva. Bem acima da minha cabeça, o funcho balançava suas plumas cheirosas no ar. Os milefólios se espalhavam pelos canteiros. A erva-cidreira, comprida e seca, chegava à minha cintura. As corolas dos girassóis enormes assentiam sob o vento vespertino. Eu sabia o que precisava fazer sem que ninguém me dissesse, mas, ainda assim, me parecia impossível — quer dizer, até eu começar. Durante horas, podei e limpei, removendo cada folha ou caule que parecesse fenecido. Minhas pilhas se transformaram em montinhos e encheram a caçamba da minha caminhonete.

Quando acabei, vi que fizera o que era certo. As plantas ainda existentes davam a impressão de se alongar, inspirando o sol e o ar. A poda fez com que o quintal parecesse mais aberto, mais espaçoso. Havia beleza no espaço entre as coisas. Havia, porém, alguns pontos, aqui e acolá, que simplesmente pareciam vazios. Canteiros, por exemplo, onde eu tinha arrancado centenas de irises porque consumiam água demais, davam muito trabalho e drenavam a minha energia. Esses pontos pareciam buracos, escancarados e carentes. Eu ainda não sabia o que plantar ali, o que viria a seguir. Algo bom, com certeza, aconteceria naqueles espaços. Algumas plantas bonitas acabariam ocupando aquele vazio e me ensinariam algo diferente, ainda desconhecido, sobre cor, fragrância e cultivo. Bastava esperar e ver o que aconteceria. Afinal, não havia pressa.

Como a minha vida, essa era apenas mais uma estação.

10. A vida é uma travessa de espaguete

Existem meios suaves de ambientar os hóspedes à maneira como as coisas são no nosso lar e ajudá-los a se integrarem bem sem criar qualquer aborrecimento ou conflito para um ou outro lado... Isso de forma alguma significa que se deva insistir para que eles façam tudo do nosso jeito — afinal, eles são visitas, e sua felicidade e conforto também são importantes.

— "Recebendo hóspedes", GUIA DE ETIQUETA DE EMILY POST

Margaret estava gritando, e o mundo todo parou. Ficamos presos, todos nós, dentro do som da sua voz, um uivo estridente, angustiado, que ameaçava jamais parar. Eu não conseguia me lembrar do som do mundo antes disso, quando ele era tranquilo, quando nós cinco andávamos pela rua juntos, apenas conversando. Antes de entrarmos no carro. Antes que Margaret começasse a gritar.

Minha mãe estava no banco do motorista, e Margaret, no do carona. Mamãe falava, mas eu não conseguia ouvir o som da sua voz nem entender o que ela tentava dizer. O rosto parecia calmo do lugar onde eu me espremia entre Brendan e o seu melhor amigo, Rob, no banco traseiro da velha Mercedes da minha mãe. Nós íamos jantar fora. Mas Margaret não achou a caixa da fita cassete que passara o dia ouvindo — o Bolero de Ravel. Foi quando o mundo parou e ficamos todos presos na armadilha da perda tenebrosa de um pedaço de plástico.

Antes do início da gritaria, eu vinha vivenciando uma visita da família. Não posso dizer "curtindo", porque o termo não é propriamente preciso. Estávamos em meados da década de 1990, e minha mãe atravessara o estado de Washington de carro com minha irmã para se hospedar comigo em Seattle. A fita do Bolero tocava aos berros no carro quando elas estacionaram junto à calçada do meu apartamento em Capitol Hill. O carro ainda estava em movimento quando Margaret escancarou a porta para me cumprimentar, e, junto com ela, ouvi o crescendo da marcha de Ravel. Soava como uma parada militar.

— Oi, Eileen! Você vai ao Obelisco Espacial! — disse Margaret.

Sem precisar perguntar, entendi que as duas provavelmente tinham ouvido o Bolero vezes sem conta durante a viagem de quase quinhentos quilômetros — através do deserto, passando pelo Rio Columbia, pelas montanhas, para descer até o Estreito de Puget. E percebi que o Bolero seria a trilha sonora do nosso fim de semana. Minha irmã era assim. Escolhia uma música-tema — ou, se tivéssemos mais sorte, um disco inteiro — que seria compulsivamente tocada durante dias ou, em alguns casos, anos.

Fiquei parada na calçada, me sentindo deprimida enquanto observava minha irmã descer do carro. Sabia que Margaret aguardara ansiosa a visita. Com autismo grave, minha irmã não possui uma vasta lista de passatempos. Era difícil para nós descobrir atividades que pudéssemos fazer juntas. Mas ela adorava viagens de carro. O elevador no Obelisco, idem. O Aquário de Seattle, o monotrilho, o encontro comigo — tudo parecia a combinação ideal, ao menos para ela. Mas, mesmo com a sua euforia no primeiro dia, eu sabia por experiência o tamanho do desafio de tê-la como hóspede. Sabia que tipo de coisa poderia acontecer. Como acabou acontecendo: a caixa da fita do Bolero sumiu, e ela simplesmente perdeu o controle.

Estávamos trancados no carro. Ainda que o carro não tivesse tranca automática, nenhum de nós era capaz de se mexer, de todo jeito. A força da fúria da minha irmã causara uma paralisia coletiva. Margaret gritava com o corpo todo, aquele corpo potente de oitenta quilos. O torso era o transmissor da sua raiva. A boca, escancarada, deixava sair o grito incessante. Ela arqueava as costas e se atirava de encontro ao encosto do banco, batendo com tanta força que achei que acabaria por juntar-se a nós no banco traseiro. De olhos fechados, Margaret chutava, agarrava o retrovisor, o porta-luvas, qualquer coisa ao alcance das suas mãos. Seu grito, que começara como uma pergunta, se transformara num uivo de desespero. Era como estar dentro de um furacão. Sentados ali, espremidos como sardinhas em lata, todos observávamos. Embora não a escutasse, eu sabia que minha mãe tentava argumentar com Margaret, mas eu duvidava que minha irmã pudesse estar ouvindo. O velho sedã balançava de um lado para o outro com a força da fúria de Margaret. Brendan e Rob tinham uma expressão horrorizada, e eu mal podia crer que a polícia ainda não tivesse aparecido.

Para que Margaret precisava da caixa da fita? Jamais terei essa resposta. Mas aquela perda detonara um pânico incontrolável, enfurecido. Morei com minha irmã durante 18 anos, dividimos um quarto, um banheiro, passamos juntas centenas de feriados e ocasiões festivas. Meus pais moraram com ela durante 21 anos. Ninguém encontrara respostas. O que se esperava que fizéssemos? Por que ela agia assim? Quando iria parar? O que faríamos na vez seguinte? Não podíamos fazer tais perguntas dentro do olho do furacão, porque só conseguíamos pensar na gritaria. Era como ser apanhado por uma avalanche: somos incapazes de recordar o que aprendemos sobre a neve nas aulas de segurança pessoal, porque estamos ocupados demais lutando para sobreviver. Mesmo quando me mudei para o Oregon, não encontrei respostas para essas perguntas. Mas sabia o seguinte: era complicado enfrentar a mesma situação tantas vezes e jamais descobrir como lidar com ela, nunca ter certeza de estar fazendo o que é certo. Esse fracasso contínuo pesava em meus ombros.

Os objetos sempre foram a âncora da minha irmã. A cadeira ficava aqui. O exemplar de capa dura de *Heidi*, na mesa, em determinada posição. O disco de Ella Fitzgerald, *Porgy and Bess*, precisamente naquele lugar. E as botas de inverno, no closet da entrada, enfileiradas. A caixa da fita de Ravel era importante por algum motivo inexplicável. Mas tal motivo, desconhecido para o resto de nós, impedia que o carro derrapasse, impedia que o céu desabasse e mantinha o mar afastado da areia. Sem ela, não havia esperança. Isso eu conseguia ver de onde estava sentada.

Finalmente, depois do que pareceram horas, descongelei e destravei minha porta, abrindo-a para o mundo fora do carro. Senti o ar frio e salgado do Estreito de Puget, e todos de repente nos lembramos de respirar. Rob, Brendan e eu começamos a caçar a caixa da fita. Procuramos várias vezes no banco traseiro e no chão, mas sem sorte.

— Nossa, pelo amor de Deus, isto aqui é um carro, não um campo de futebol — falei. — Tem que estar em algum lugar.

Então, Rob de repente pescou-a do chão com dois dedos e a segurou diante dos olhos, maravilhado, como se a coisa tivesse caído do céu. Margaret arrancou a caixa da mão dele, e a gritaria parou como se uma torneira tivesse sido fechada.

— Ela estava bem ali no chão — disse Rob, extasiado, no carro agora silencioso.

Todos inspiramos e expiramos e depois tornamos a inspirar. Nossos corações voltaram a bater normalmente. Começara a chover, e eu fechei a porta e a janela. Ficamos ali sentados um instante, todos calados, e o som da chuva no teto do carro era cristalino e sublime. Margaret pôs a fita para tocar, e o Bolero de Ravel começou de mansinho, a melodia delicada trilhando o caminho dos nossos corações. Afivelamos os cintos e ninguém disse nenhuma palavra durante um bom tempo.

Minutos depois, Margaret, ainda meio soluçante, exclamou:

— Aqui está ela! Olha a caixa da fita, mãe! Olha o Bolero! — E completou, extasiada: — Isso é que são boas maneiras, mãe!

Todos rimos histericamente e concordamos com ela. Minha mãe, então, nos levou para jantar num restaurante no Lago Union, onde todos, salvo Margaret, tomaram um pileque.

Era assim uma visita típica da minha irmã mais velha. E o incidente do Bolero, me lembro, se deu ainda no início. As coisas não melhoraram muito depois. A visita envolveu mais pânico, mais gritaria, mais fracasso e raiva crescente da minha parte. Isso tudo aconteceu nos anos antes que eu aprendesse a lidar com os surtos de Margaret como se lida com o clima, a ser como um transeunte pego numa tempestade, que se protege num abrigo. Que senta e observa de um lugar seguro. Que faz o possível para ajudar a vítima, mas não chega perto demais para não ser sugado para dentro do rio em fúria.

Essa visita já faz anos, mas as marcas continuam vivas. Onde eu estava com a cabeça, me perguntei agora, quando convidei minha irmã mais velha para vir passar uns dias comigo no Oregon? Mesmo quando desliguei o telefone depois de conversar com Clifford, o cuidador de Margaret e dos outros moradores da residência coletiva, me perguntei se estava louca. A ideia era hospedar minha irmã durante três dias e duas noites sozinha comigo. Como irmãs normais.

"Contei a Margaret sobre o plano, e ela está eufórica", me disse Clifford. Eu já me encontrara com ele várias vezes. Clifford é um sujeito quarentão, alto e amistoso, que ganha a vida ajudando a cuidar de Margaret e seus três colegas de casa. Ele me falou que achava que seria muito bom para Margaret fazer essa viagem. O entusiasmo do cuidador me deixou ainda pior. Será que eu, sendo irmã dela, não deveria estar mais animada? Afinal, a ideia havia sido minha. O que eu imaginara que ganharia, realisticamente falando, convidando minha irmã para se hospedar comigo? E, se não sabia, por que a convidara?

Brendan me perguntou a mesma coisa, de um jeito diferente, da primeira e última vez em que Margaret me visitou em Hood River, quando ela parou para almoçar na minha casa com um colega de casa e dois cuidadores, no caminho de volta do litoral no verão passado.

— Você esperava o quê, Eileen? — indagara Brendan, sem rudeza, quando lhe contei os detalhes, aos prantos.

— Esperava basicamente o que aconteceu — concluí.

Ele sorriu e deu de ombros, mas, quando tive essa ideia insana, Brendan me apoiou incondicionalmente — em teoria, ao menos. Ao longo de toda a estadia de Margaret, ele estaria fora da cidade.

Na semana anterior à chegada da minha irmã, eu me organizei. Pus o trabalho em dia, limpei a casa e programei nossas atividades. Também me assegurei de ter em casa comidas de que Margaret gostasse, ou seja, vários pacotes de espaguete, caixas de macarrão com queijo e cereais. Eu estava nervosa. Montava listas de coisas que ela talvez quisesse fazer. Disse a mim mesma para não nutrir grande expectativa, para aceitar o que viesse. Mas, por baixo de todo esse otimismo, havia a correnteza do passado me puxando para a maneira como tudo sempre havia sido, um buraco no ralo que ameaçava me sugar e me manter num lugar de mesmice desconfortável. Por mais que quisesse seguir em frente, criar um novo contexto de referência para nós duas como irmãs, como família, eu temia que fôssemos permanecer prisioneiras do redemoinho que nos imobilizara durante tanto tempo.

Enquanto me dirigia ao mercado para comprar os itens da lista especificamente destinados a Margaret, me obriguei a pensar que as pessoas podem mudar. Essa estadia podia, na verdade, ser diferente da época do Bolero, dos anos em que morei em Seattle. Para começar, raciocinei, esta agora foi ideia minha. Ao contrário da outra.

Nos anos em que morei em Seattle, as visitas de Margaret foram ideia da minha mãe. Margaret morava então numa residência coletiva e tinha um emprego de meio-expediente numa oficina para pessoas com deficiência. Minha mãe achava recomendável que ela tirasse férias como todo mundo. Sei lá como, eu fui tratada como Férias. Ao longo de algum tempo, quando eu tinha vinte e poucos anos, as visitas se transformaram numa espécie de peregrinação anual. "Você vai a Seattle visitar Eileen. Você vai visitar o Obelisco Espacial", era o mantra da minha irmã.

De certa forma, é claro, eu gostava dessas visitas. As duas faziam aquela enorme viagem para me ver, certo? E isso era família.

E lá ia eu, cegamente driblando as regras misteriosas do nosso código familiar estranho, esbarrando no aceitável e no inaceitável, tudo não verbalizado. Muitas vezes entrei em conflito com o que se esperava de mim e o que eu queria de verdade. Fazia o melhor possível para agir como boa filha e irmã generosa, mas, toda vez que Margaret e minha mãe batiam à porta e minha irmã, ignorando meu cumprimento, passava como um raio por mim e adentrava o prédio com sua mala, assinalando o começo das Férias, me dava vontade de correr na direção oposta.

Para início de conversa, meu apartamento minúsculo na Boren Avenue não fora feito para abrigar três pessoas. Para acomodá-las, eu dormia no chão e lhes dava a minha cama. Era uma festa do pijama! Só meninas! Mas uma de nós sempre era pisada no meio da noite por quem ia ao banheiro. E essa mesma menina estava dormindo no chão. No chão! Além disso, eu me habituara ao meu apartamento silencioso e à deliciosa privacidade que se seguira a quase duas décadas de disputa pelo banheiro com seis outras pessoas. Assim, eu ficava acordada à noite, ouvindo Margaret sussurrar ou roncar, me sentindo invadida e acovardada demais para reclamar em voz alta. Por que eu não pedia para que elas fossem para um hotel? Porque, numa família irlandesa católica, pedir a alguém para gastar algum dinheiro para tornar minha vida mais conveniente é praticamente um pecado mortal. Por isso, eu ficava calada. Só emburrava mais e mais conforme a semana ia passando e a minha privação de sono crescia. Minha mãe, porém, nada dizia. Esse era o tipo de reação passivo-agressiva que meus pais consideravam normal.

Eu quase agradecia o amanhecer do dia, porque isso punha fim às minhas exaustivas tentativas de dormir. Enquanto minhas hóspedes continuavam dormindo, eu me levantava do chão, botava as almofadas de volta no sofá, tomava banho e pegava o caminho do centro, onde eu era a única funcionária de uma pequena editora. Meu patrão, um homem simpático e ansioso, sempre fazia para mim um café com leite na sua máquina de espresso no nosso intervalo matinal. Enquanto esperava a máquina parar, ele puxava os cabelos com as duas mãos e se perguntava em voz alta como iríamos conseguir sobreviver por mais um mês. Tentava me dizer como era difícil ser dono de um pequeno negócio, sempre à beira do desastre. Eu aceitava o café, sentindo vontade de chorar, e depois voltava para minha mesa achando que esperavam que eu salvasse a editora. Horas se passavam, e então eu ia embora para casa a fim de entreter minhas hóspedes.

A ansiedade sempre foi uma característica proeminente em nossa cultura familiar, um interesse coletivo, pode-se dizer, mas em Margaret ela tinha papel de destaque. Manter certa mesmice maníaca na vida a acalmava. E, a menos que fosse um completo idiota, qualquer um garantiria que a ordem a mantivesse feliz, ou seja, o melhor para todos era aderir ao programa também. Quando Margaret estava em casa, sua rotina era um relógio: refeições, banho, horas de trabalho, hora de dormir. A ordem na sua vida era a de um fuzileiro naval, como num quartel, com Margaret desempenhando o papel de soldado e de sargento ao mesmo tempo. Suponho que sua rotina tenha ficado ainda mais rígida desde a mudança para a residência coletiva, onde ela não precisava mais conviver com o resto da família atrapalhando a vida dela.

Seja como for, as visitas a Seattle perturbavam aquela rotina meticulosa. Mesmo querendo fazer a viagem, ela tinha dificuldade para lidar com as mudanças e o tumulto. Assim, na tentativa de manter ao largo a ansiedade gerada pela mudança, Margaret criava um programa para as Férias. Dividia seu dia em duas partes: Antes de Eileen Chegar em Casa e Quando Eileen Chegar em Casa. Aproveitava o dia passeando com minha mãe, mas o tempo todo as duas só falavam sobre o que iriam fazer Quando Eileen Chegar em Casa. No Obelisco Espacial, no monotrilho, no Pike Place Market, a conversa era a mesma.

— Mãe? Você vai jantar fora hoje?

— Quando Eileen chegar em casa, vamos sair para jantar, Margaret.

— Quando Eileen chegar em casa, você vai sair para jantar, mãe.

— Isso mesmo, Margaret.

— Você vai trocar de roupa?

— Quando Eileen chegar em casa, você vai mudar de roupa, Margaret.

— Quando Eileen chegar em casa, você vai mudar de roupa, mãe.

— Isso mesmo, Margaret.

— Mãe? Mãe. Mãe, você vai voltar para o apartamento, mãe?

— Quando Eileen chegar em casa, vamos voltar para o apartamento.

— Quando Eileen chegar em casa, você vai voltar para o apartamento, mãe.

Isso durava oito horas. Infelizmente, para mim, Margaret não pensava na situação como Depois que Eileen Chegar em Casa. Depois poderia designar um período ambíguo de tempo, horas descompromissadas que nos conduziriam à noite, durante as quais poderíamos fazer alguma coisa ou todas as que haviam sido discutidas. Minha irmã dizia "quando" o dia todo, motivo pelo qual já estava pronta para a correria assim que me via surgir na Boren Avenue. Nada de "Oi, querida, como foi o seu dia?". O desejo de Margaret era me agarrar pelo braço e me jogar no carro para podermos passar correndo para a atividade seguinte, fosse qual fosse. A definição não importava. Apenas precisávamos seguir com a agenda programada para Quando Eileen Chegar em Casa a fim de saciar o monstro faminto da sua ansiedade.

Eu costumava chegar com calor e irritada depois de subir a ladeira que saía da Pioneer Square. Meu medo infantil do ônibus me forçava a optar por fazer o caminho a pé em lugar de usufruir da conveniência do transporte público. Minha volta para casa me obrigava a atravessar o Occidental Park, um aglomerado de drogados e bêbados que assoviavam para mim e para qualquer transeunte. Suando, cansada e preocupada em perder o emprego do dia para noite, eu dobrava a esquina da minha rua e dava de cara com a minha irmã me aguardando diante da portaria do meu prédio. Assim que me avistava, Margaret dava pulos, esfregava as mãos e dizia: "Quando Eileen chegar em casa, você vai sair para jantar, Eileen. Quando Eileen chegar em casa. Quando Eileen chegar em casa, você vai sair para jantar, Eileen."

Se eu fosse reescrever o filme da minha vida, aí seria o ponto em que eu diria algo gentil e útil. A câmera faria um close da irmã mais nova e solidária tranquilizando a mais velha e deficiente. Compartilharíamos o momento, enquanto o sol se poria às nossas costas ao som de uma música pungente. Nossa mãe olharia da janela e ficaria com os olhos marejados ao nos ver unidas, nosso laço fraternal superando os obstáculos criados pelo transtorno do autismo.

Mas aquilo ali era a vida real. Ainda que eu tivesse pensado a caminho de casa sobre o quanto precisava ser paciente, o que eu respondia era "Porra, Margaret! Me dá um tempo!", antes de entrar no prédio afobada, com a minha irmã na minha cola. E ali estava minha mãe na vida real, calma, paciente, abrindo a porta do apartamento, delicadamente me pedindo para não perder as estribeiras de modo a não termos uma cena:

— Ela esperou você com a maior paciência, Eileen.

Culpada, eu rosnava:

— Tudo bem, Margaret. A gente vai jantar fora. Me dê só um minutinho.

Então, dizendo um palavrão não muito baixinho, eu ia mudar de roupa.

Parte do motivo para eu ficar tão zangada era o fato de não querer ceder à ansiedade de Margaret. Eu queria que ela tentasse ficar bem, sem a repetição. Queria ser a pessoa a romper sua rotina enlouquecedora e ajudá-la a ser normal. Queria que aquela romântica fantasia cinematográfica fosse real. Mas ela me seguia dentro de casa e voltava a repetir a mesma ladainha até eu responder: "Isso, Margaret. Você vai sair para jantar quando Eileen chegar em casa."

Apaziguada, ela se sentava no sofá e me aguardava, com as mãos entre os joelhos.

Certa noite, durante essa estadia difícil, resolvi que Quando Eileen Chegasse em Casa iríamos até o bairro de Fremont, no lado norte do Lago Union para jantar. Brendan e eu tínhamos descoberto um café maravilhoso e badalado. O lugar ganhara reputação por servir comida italiana saborosa a preços acessíveis, mas também por causa do ambiente, um terço composto por elegantes guardanapos de linho e dois terços por uma boemia grunge descolada. Dava para consumir uma garrafa de vinho decente, mas também era possível passar o tempo desenhando na toalha de papel com giz de cera. O café ganhara destaque entre os Melhores Lugares de Seattle naquele ano.

Eu sabia que era arriscado optar pelo café. Para começar, estava ciente de que teríamos de esperar. Esperas não são o ponto forte de Margaret. Mas eles serviam comida italiana, o que vem a ser uma das poucas coisas que minha irmã come, além de macarrão com queijo, por isso concluí que valia a pena tentar. Além do mais, eu queria que minha mãe conhecesse o lugar. Sabia que ela gostaria dele tanto quanto eu, e a única forma de ir com ela seria levar minha irmã junto.

Esse era o xis do problema. Ao longo de toda a vida, eu jamais tivera a atenção exclusiva da minha mãe. O mais perto disso era dividir essa atenção com Margaret. E, depois que saí de casa, minha mãe só me visitava levando minha irmã a reboque. Podíamos ir a qualquer lugar que eu quisesse, e mamãe até pagava a conta. Mas, aonde quer que fôssemos, Margaret ia junto e contribuía inevitavelmente com um pouco de comportamento desastroso para me fazer pensar por que, afinal, eu não ficara em casa sozinha. Na época, eu era jovem e teimosa. Também estava repleta do que parecia ser esperança, mas que na verdade era negação, de que Margaret se comportaria divinamente. Dessa vez, teríamos o tipo de férias normais mãe-filha-irmã que eu via nos filmes. Sei agora que essa é a maneira errada de ver as coisas, mas não sabia disso então. Era a minha melhor tentativa de otimismo, embora nunca funcionasse. Assim, partimos para Fremont, em busca de um café chamado Bizzarro.

A noite estava animada no Bizzarro. Pus meu nome na lista de espera, enquanto minha mãe e minha irmã se sentavam do lado de fora. O café era tão pequeno que não dispunha de saguão.

Esperamos num banco rústico na entrada sob o ar morno de verão, enquanto o sol baixava mais e mais no horizonte. Tenho uma imagem dessa noite: Margaret com um radioso sorriso no rosto e eu com uma expressão mais tensa que eufórica. Não me lembro do que ela fez, mas acho que foi uma sessão de alguma tortura: tapas? Assovios? Beliscões? E depois o mesmo pedido de desculpas — "Desculpe, Eileen! É assim que a gente se comporta BEM quando espera!" — seguido por um abraço de urso. Naquela semana eu vinha me aborrecendo com facilidade, e a minha irritação simplesmente aumentava com aquele comportamento. Mais de uma vez ameacei ir embora, mas na verdade eu não queria fazer isso. Ir embora significaria comer espaguete com as duas no meu apartamento minúsculo. E eu tinha apenas duas cadeiras.

Além disso, dizer a Margaret que iríamos embora fazia com que chamássemos mais atenção ainda.

Eu (sotto voce): "Já chega, Margaret. Se você não esperar calada, vamos para casa."

Margaret (forte): "Não! Não! Não, Eileen! Ha, ha, ha! Isso é bom comportamento! Você vai comer espaguete!"

Nessa noite específica, ela ria enquanto ficava repetindo a ladainha, e não chorava, o que não melhorava sua agitação. Mas riso se parecia mais com uma conduta normal, por isso ficamos. E esperamos. E esperamos. Depois que escureceu e eu já podia ver a luz do poste de rua refletida nos dentes de Margaret enquanto ela implicava comigo, nos deram uma mesa.

Quando, através do bistrô, nós três fomos conduzidos até nossa mesa pelo recepcionista descoladíssimo, achei que todos olhavam para nós, embora provavelmente isso não fosse verdade. Ainda. Esse tipo de paranoia era uma doença de família. Após passar anos sob os holofotes durante os surtos muito públicos da minha irmã, eu sempre achava que estávamos sendo observadas. A sensação de ser o alvo de olhares acrescentou um tom mais forte à minha tensão já instalada, razão pela qual pedi uma garrafa de vinho logo ao me sentar. Não pude me queixar da nossa mesa, próxima à janela, com uma vista perfeita para o salão inteiro. Reparei em tudo: fileiras de luzinhas de Natal lançavam um brilho mágico sobre mesas de dois e de quatro lugares. Um homem debruçado sobre o piano no canto dedilhava uma trilha sonora sob o burburinho de vozes. O vinho chegou acompanhado de pão, azeite e vinagre balsâmico. Minha mãe e eu bebíamos e conversávamos, enquanto Margaret ia ficando cada vez mais calada. Me senti incrivelmente normal. Com o que me preocupara tanto? Consultamos o cardápio e esperamos que o garçom viesse anotar nossos pedidos.

Olhando para trás, imagino que essa parte da noite, a melhor para mim, não teve muita graça para Margaret. O lugar estava lotado, fazia calor e ela estava de costas para um monte de desconhecidos. O pianista começou a tocar algo animado, e todos elevaram o tom de voz para serem ouvidos acima do barulho. Mas eu, finalmente, tinha a atenção da minha mãe e estava ansiosa para mostrar o lugar a ela, partilhar um pouco da minha recém-descoberta vida na cidade.

Enquanto mamãe e eu conversávamos, Margaret decidiu que precisava ir ao banheiro, uma coisa que ela costuma fazer de um jeito repentino. A pessoa média pensaria: "Uhm, acho que preciso fazer xixi. Não, acho que não... Ah, preciso sim. Preciso fazer xixi. Não, não preciso... Sim, preciso sim. Preciso fazer xixi. Será que vou ao banheiro? Onde será que fica o banheiro? Talvez eu possa esperar uns minutinhos e ver alguém ir ao banheiro para saber onde ele fica. Vou esperar para pedir a comida primeiro. Vou terminar este drinque. Vou esperar até surgir alguém para quem perguntar. Ah, lá está a placa. Tem alguém saindo agora mesmo, deve estar desocupado. Bom, acho que agora eu vou." Então, a gente diz "Com licença", põe o guardanapo na mesa, fica de pé e, com cuidado, nos dirigimos ao banheiro. Certo?

Não sei o que se passa na cabeça de Margaret quando ela resolve ir ao banheiro, mas sempre se tem a impressão de que alguém gritou "Já!" e depois ela dá um pulo da cadeira e sai em disparada, como Harrison Ford fugindo da polícia em *O fugitivo*. Minha irmã se precipita em desabalada carreira rumo ao banheiro, às vezes abalroando cadeiras, outras pessoas, às vezes acabando na cozinha ou no banheiro masculino. Margaret nunca foi mignon, então esse tipo de correria quase sempre gerava consequências. Minha família já se habituou, e, por isso, algum de nós em geral a segue de perto, pedindo desculpas as últimas, e depois corre atrás dela para garantir que a porta do banheiro esteja fechada antes que Margaret abaixe a calcinha. Já a persegui em saguões, cinemas e cafés como o Bizzarro, porque sei que ela vai abrindo botões e zíperes pelo caminho. Não é sua intenção ser inconveniente. Mas ela tomou uma decisão e é melhor ninguém atravessar seu caminho.

Margaret disparou para o banheiro com minha mãe em seus calcanhares se desculpando com um sorriso, e fiquei sozinha na mesa. Nosso segredo foi exposto. Pude logo sentir. O café todo estava de olho na porta do toalete feminino, que minha irmã acabara de bater nas costas de mamãe. Todas as cabeças se viraram, então, para mim, a doida solitária na Mesa do Hospício. Segredo. À mostra. Vergonha. Eu disse a mim mesma que não me importava. Bebi meu vinho e observei a garçonete circular pelo pequeno salão.

Essa garçonete era uma daquelas seattletes excêntricas que haviam feito a cidade me parecer extremamente exótica assim que cheguei da provinciana Spokane. Devia ter pouco menos de quarenta anos e era muito bonita de um jeito meio teatral. Usava um vestido anos 1930 muito sexy e botas militares. O batom era um distintivo a anunciar "Sou excêntrica! Não mexa comigo!". Aquela mulher era um dos motivos por que o café ganhara uma aura de famoso. Ela não servia, exatamente; meio que assediava emocionalmente a clientela e depois trazia a comida passado muito, muito, tempo. Interrompia-se no meio de um pedido para contar uma piada ou cantar. Todos os clientes paravam de falar para ouvir e depois a aplaudiam com entusiasmo. Ela não era garçonete. Era uma artista! Determinada e decididamente disposta a chamar a atenção. Era uma das muitas celebridades locais em Seattle quando me mudei para lá. Ai, se eu pudesse ser tão interessante e segura. Alguém como ela poderia salvar a editora, pensei. Bebi mais vinho e a observei, invejando-a e me sentindo intimidada.

Ouvi a porta do banheiro bater de novo e vi Margaret atropelando mesas e cadeiras enquanto corria em minha direção. Tive a impressão de que todos a olhavam quando ela desabou na cadeira, dizendo: "Prontinho! Peça desculpas, Eileen! Tenha boas maneiras!"

Margaret agarrou o copo, tomou um imenso gole de refrigerante e o pousou com toda força na mesa. Minha mãe reapareceu, toda empolgada com o mural de *Alice no País das Maravilhas* na parede do toalete, que havia fotografado. Também dera uma espiada no banheiro masculino para ver se o mural se estendia até lá. Sim! Ela tinha fotos! E iria me mostrar! Tudo isso foi dito num tom alto o bastante para todos ouvirem. Eu quis me enfiar debaixo da mesa.

Nesse preciso momento, a Garçonete Celebridade chegou à nossa mesa para anotar o pedido. Ficou ali parada, com a mão na cintura, mal disfarçando seu desagrado, já bastante farta de nós. Eu lhe disse rapidamente o que queríamos, e então ela lançou um olhar exasperado para minha irmã, olhar que passou despercebido. Como muitos autistas, minha irmã não olha o interlocutor nos olhos como costumamos fazer. Na escola, ela e seus colegas jogavam cartas para praticar esse item simples de interação social que tanta gente considera trivial. Era hilário observar — quatro adolescentes à volta de uma mesa, um leque de cartas na mão, cada qual olhando para o teto, para o chão, para a porta. Vira e mexe, alguém murmurava "Passa aí todos os seus oitos", com os olhos nos próprios joelhos.

Jantar em um restaurante criava inúmeras oportunidades de ajudar Margaret a praticar esse tipo de interação. Pedir a comida era uma delas. Mas a garçonete não lhe perguntou o que ela queria. Simplesmente alternou o olhar frio de mim para Margaret. Dizer qualquer coisa, mesmo "Passa aí todos os seus oitos", ajudaria mais do que aquele silêncio. Margaret não interpretava esse tipo de ação como uma dica não verbal, embora minha mãe e eu, sim. Minha mãe fez sinal para Margaret dizer o que queria. Minha irmã assentiu e apontou para o cardápio. "Como assim, você é burra?", indicava sua expressão. "Viemos comer o espaguete, certo? Como assim o que eu quero comer?" O motivo de termos atravessado a cidade e aguardado do lado de fora durante mais de uma hora tinha sido a promessa de que ela iria comer espaguete. Por que, então, tantas perguntas? Minha mãe e eu sabíamos o que ela estava pensando, mas, para praticar interação social, mamãe delicadamente insistiu com Margaret para deixar que a garçonete soubesse o nosso segredo e contar a ela a história do espaguete.

Para ser justa, havia barulho e a mulher estava ocupada, mas ela não reparou que Margaret não a olhava diretamente e não percebeu a nossa interação. Aborrecida, inclinou-se:

— Como? Não ouvi. O que você vai querer?

Margaret, agora olhando para minha mãe, disse:

— Você quer espaguete, por favor, mãe.

E começou a demonstrar preocupação. A essa altura, a garçonete já estava visivelmente irritada conosco, e me ocorreu que ela não se dera conta de que Margaret era diferente. Na sua opinião, não passávamos de turistas lerdas e idiotas. Exasperada, enfim conseguiu arrancar de nós os pedidos que faltavam, fez o mesmo com os cardápios e se afastou de cara feia. Minha mãe e eu demos tapinhas na mão de Margaret e elogiamos seu comportamento. Minha irmã soltou um suspiro e tomou um gole reforçado do seu refrigerante.

Quando a comida chegou, minha irmã comeu rapidamente, e eu também, como costumo fazer na companhia dela. Por algum motivo, acho difícil não devorar a comida de uma vez só quando meu acompanhante faz isso. Margaret também comia depressa em casa, mas acho que a ansiedade que sente num lugar desconhecido a faz acelerar mais ainda o processo. Passados alguns minutos, ela pousou os talheres e se recostou na cadeira, pálida. Embora tivesse comido depressa, não comera muito e ficou ali sentada, com as mãos no colo, trançando e destrançando os dedos. Agora eu sentia o peso pleno da culpa e do remorso por tentar fazer as coisas do meu jeito. *Jamais deveríamos ter vindo aqui*, pensei. O restaurante era muito barulhento e movimentado para a minha irmã, e a massa condimentada — na tentativa esforçada de ser especial — provavelmente fizera mal ao seu estômago.

Em retrospecto, reconheço que havia muito mais coisas acontecendo relacionadas a essa visita, como a presença constante de certas verdades que jamais eram ditas em voz alta. Fiquei furiosa comigo mesma por não ser mais paciente. Me dava tanta raiva o fato de Margaret ser autista, o fato de não haver cura para isso, o fato de não haver melhora alguma e ela exercer um domínio absoluto sobre a atenção da minha mãe, que eu não sabia qual era o meu papel nessa família ou nessa vida. Nunca fui filha da minha mãe — apenas irmã de Margaret. E nada que eu fizesse seria capaz de mudar tudo isso, mas minha pouca idade e minha teimosia me impediam de engolir a verdade amarga ou simplesmente virar as costas a ela.

A essa altura, a Garçonete Celebridade resolveu interpretar um de seus solos. Parou bem ao lado da nossa mesa e começou a cantar uma música animada. Parada ali, ela brandia a bandeja, eufórica, deleitada por ser o centro das atenções do restaurante inteiro. Desafinava um pouco, mas parecia não se importar. Todos pararam de falar para ouvir. Eu já estava farta daquela mulher e do clima que ela fazia questão de criar. A garota provinciana que havia em mim protestou, indignada com toda aquela presunção. A meu ver, a função de uma garçonete é anotar pedidos e trazer a comida. Supostamente ela deve se preocupar em não deixar faltar pão nas mesas, não em saber se tem a atenção exclusiva de todos. Me incomodou ela ter invadido de tal forma o nosso espaço privado e ainda assim se recusar a nos ver, a ver a luta de Margaret para se comunicar. Eu quis dizer algo para deixar uma mossa em tudo que me soava errado — a condição da minha irmã, a indiferença daquela mulher, minha própria raiva. Mas, como ficou demonstrado, não precisei dizer coisa alguma.

Margaret deu um basta. Como muitos autistas, ela é extremamente sensível a sons. Minha irmã também tem uma noção precisa de afinação e simplesmente não suporta tropeços nesse quesito. Por isso, justo quando a garçonete virou o rosto para a nossa mesa, cantando com uma voz desafinada que sugava todo o ar do salão, minha irmã tapou os ouvidos com os dedos e emitiu um uivo terrível bem na cara da mulher. Foi como um apito de trem, porém três oitavas mais alto. O trem atropelou todos nós e penetrou em nossos tímpanos. Durante um minuto, o mundo oscilou e eu achei que ia desmaiar. Então, o trem seguiu caminho e tudo voltou ao normal.

Olhei para a Garçonete Celebridade, de pé ali com a boca aberta, muda e de olhos arregalados. Então, ela baixou o braço que segurava a bandeja e correu para a cozinha, batendo a porta ao passar. Podia-se ouvir um lenço cair. O restaurante todo nos olhava num silêncio apavorado. Pela primeira vez, não me importei. Que olhassem o quanto quisessem. Isso não alteraria o fato de Margaret ter derrotado o gigante. Observando os rostos chocados, foi difícil para mim refrear o riso, mas também fiquei orgulhosa da minha irmã, que se defendeu do único jeito que conhecia. Sei que pode parecer cruel achar graça do medo de um restaurante cheio de estranhos, mas eu sabia que esse medo era infundado. E ele ajudou a compensar o fato de que minha irmã sente medo o tempo todo. Afinal, todos precisamos viver juntos neste mundo. Minha mãe estendeu o braço e pegou a mão de Margaret, e continuamos a conversa como se nada tivesse acontecido. Logo, minha irmã se tranquilizou.

Não houve mais cantoria no Bizzarro naquela noite. Nós três calmamente terminamos de jantar, assim como os demais, que talvez soubessem o que era melhor para eles. A garçonete não voltou mais à nossa mesa, mas mandou o recepcionista em seu lugar. Margaret pediu um banana split, que devorou sem cerimônia. Poucos segundos depois, empalideceu de repente, pegou a caneca de refrigerante e vomitou a sobremesa nela. Os outros comensais, cujo esforço era tamanho para não olhar para nossa mesa, provavelmente nem viram. Acho que todos sabíamos que estava na hora de jogar a toalha. E, se a nossa garçonete não fosse aquela vaca inútil, teríamos limpado tudo. Minha mãe talvez ainda estivesse lá, lavando pratos e se desculpando. Em vez disso, deixamos uma gorjeta vultosa e fugimos. Jamais voltei ao Bizzarro.

No caminho de volta, Margaret permaneceu calada no banco de trás, olhando pela janela para a chuva fina que começara a cair.

Seattle, engolfada pela escuridão, acendera suas luzes para delinear a silhueta alta e curvilínea. Sentada no banco do carona, eu mostrava o caminho à mamãe e contemplava o céu escuro acima do Estreito de Puget com o coração tranquilo. Na metade do caminho, Margaret deu um suspiro e disse: "Está melhor agora, mãe." E com voz solene, acrescentou: "Você não pode gritar no restaurante, mãe. É falta de educação. Você não pode gritar."

Eu me perguntei de quem ela estaria falando.

As imagens daquela viagem estão registradas nas fotos da minha mãe e na minha memória: Margaret e eu no Volunteer Park; Margaret no Obelisco Espacial; Margaret e eu sentadas na minha cama no Edifício John Winthrop. O pai de Brendan nos levou para um passeio de barco na Baía de Portage, e há fotos de Margaret sentada na proa do barquinho com o braço em volta de Honey, o cachorrão caramelo que um dia levaria as alianças no meu casamento. Já vi tantas vezes essas fotos que ela se transformaram em nós de madeira na minha memória: a forma dos nossos corpos, os contornos dos prédios e do horizonte como marcas permanentes em uma tela. Essas imagens, com ângulos agudos e ranhuras profundas, impuseram suas marcas ano após ano na minha memória e em nossa história.

Houve mais cafés, mais surtos. Quando levei minha mãe para conhecer minha futura sogra, Margaret se atirou de costas do sofá de Sharon e rolou pelo chão com a saia deixando à mostra a barriga avantajada, gritando e chutando o tapete novo em folha. Durante uma manhã ansiosa, ela arrancou a casquinha de uma ferida no queixo e sangrou nas almofadas do sofá, algo que sempre me perguntei se Sharon teria notado. A mancha continuava lá quando esse sofá nos foi dado anos mais tarde. Eu vi Margaret rastejar no chão, vi parte da sua barriga e dos peitos enormes quando a saia os deixava à mostra, e pensei: Isso não é normal. Não era o que eu esperava quando fosse apresentar a minha mãe à família de Brendan. Mas foi o que tive.

No último dia da visita, Margaret começou a perder a paciência numa lanchonete onde pretendíamos tomar café da manhã com Brendan e os pais. Minha mãe tentou acalmá-la lendo o cardápio, estimulando-a a pedir algo para comer. Infelizmente, minha irmã queria cereais. No cardápio não havia cereais. Minha mãe e eu trocamos olhares por cima da mesa, deprimidas, cúmplices não verbais na catástrofe social que sabíamos ser praticamente certa, assim que disséssemos a Margaret que não havia cereais para pedir. No meio dessa batalha silenciosa, Brendan deu um pulo da mesa e foi até o outro lado da rua, ao armazém, comprou uma caixa de cereais e voltou correndo. "Olhe aqui os cereais!", exclamou minha irmã, arrancando a caixa da mão dele.

Fomos salvas novamente. E, ainda assim, jamais estávamos a salvo. Quando mamãe e Margaret finalmente se foram, acenando e buzinando, subi e me deitei no chão, que agora parecia ser o meu lugar. Tive enxaqueca durante três dias.

Mais de dez anos tinham se passado entre a noite em que Margaret vomitou no Bizzarro e os planos para sua primeira visita sozinha à minha casa. A imagem da caneca cheia de restos de banana split continuava tão fresca na minha cabeça quanto a noite em que escondi tudo com um guardanapo e corri para a acolhedora obscuridade da noite urbana. No entanto, muita coisa acontecera em nossas vidas. Tínhamos amadurecido, envelhecido e eu esperava ter aprendido.

Certas coisas, porém, nunca mudam. Eu sabia que jamais teria acesso aos pensamentos de minha irmã. Margaret, provavelmente, continuaria a ser governada pelo estresse e pela compulsão que seu transtorno aparentemente acarreta. Eu não podia salvá-la dos caprichos da sua condição, mas podia parar de levá-los para o lado pessoal. Jamais teríamos a proximidade de irmãs que eu fantasiava, de pessoas capazes de conversar ao telefone e retomar o fio da meada. Não teríamos férias familiares normais, mas eu também não sabia ao certo o significado disso. Normal para mim deixara de significar "o que não temos". Normal era o que eu desejava naquela época. Normal significava "como os outros". Normal significava "comum". Mas eu havia tido sorte suficiente para trocar esse desejo por algo muito mais interessante.

Ao longo da minha pesquisa recente, uma coisa ficara clara para mim: eu viveria com o autismo de Margaret para o resto da vida. Um especialista disse de forma objetiva: irmãos de indivíduos com necessidades especiais têm as mesmas dificuldades que os pais, só que durante mais tempo. Como afirma outro escritor, o impacto de ter um irmão autista jamais cessa. Os pais em geral morrem primeiro, e nós ficamos encarregados de achar soluções.

Outros pontos, contudo, continuam nebulosos para mim. Que papel eu assumiria? O de cuidadora em tempo integral não me parecia uma opção, embora eu já tivesse convivido com o fantasma dessa obrigação durante anos. Um motivo por que foi tão fácil morar no Novo México era eu achar que teria que carregar esse fardo caso participasse da situação de alguma forma. Mas fugir não soava mais como opção. O lar me chamara de volta, e Margaret, por mais difícil que fosse, fazia parte desse canto da sereia. Um terreno intermediário, então — seria esse o meu lugar? Seria possível abrir um espaço para Margaret na minha vida e seria possível para Margaret achar um espaço para mim na dela?

Meu relacionamento com minha irmã era um paradoxo. Embora não nos comunicássemos como outras pessoas, eu extraía mais emoções genuínas dela do que da maioria dos outros relacionamentos, porque Margaret jamais escondia os próprios sentimentos. Sempre que eu a via, dava para perceber que ela se lembrava de mim e me recebia exatamente do mesmo jeito. Podia estar nervosa ou não, mas sempre estava me esperando. Era bem simples, na verdade. Ela contava que eu aparecesse de tempos em tempos e, valha-me Deus, eu tinha que estar lá quando marcava com ela. Margaret sempre abria a porta quando ouvia meu carro chegar, mesmo que nem sempre me deixasse entrar. "Oi, Eileen", dizia, como se tivesse me visto na véspera, e depois entrava no carro, batia a porta e esperava que eu a levasse ao nosso destino Quando Eillen Chegar.

Eu tinha absoluta certeza de que isso aconteceria quando fui me encontrar com ela e Clifford no lugar marcado. Tinha certeza absoluta de que minha irmã gostaria da viagem que a levaria da própria casa até Richland, Washington. Depois disso, todas as apostas continuavam em aberto. Resolvemos nos encontrar para almoçar no Red Robin, onde Clifford e eu comeríamos, e ela talvez não. Margaret poderia ficar feliz de me ver ou se manter muda e ensimesmada. Podia se enervar e gritar, mas o Red Robin é um lugar barulhento de qualquer jeito, de modo que, se isso ocorresse, um de nós simplesmente se levantaria e a levaria para fora. E depois de pagar a conta, eu só podia torcer para que, em vez de voltar para o carro com Clifford, ela resolvesse que estava a fim de ir passar as Férias comigo.

Desde que ela decidisse pôr a mala dentro do carro, eu ficaria satisfeita. Ao contrário de nós, Margaret jamais esconde seus sentimentos. Não consegue. Assim, eu sabia, ao menos, que ela não iria me visitar se não quisesse, se não se sentisse de fato disposta a isso. É assim que funciona com Margaret. Ela não pode deixar de ser precisamente quem é, motivo pelo qual eu sabia o que estava levando — o inesperado, sempre, mas o genuíno. Minhas expectativas altas aos poucos se desfizeram, junto com o desejo de algum tipo de normalidade. Eu já não esperava passar despercebida na companhia da minha irmã, nem tinha a esperança de passar despercebida nesse ou em qualquer outro aspecto da minha vida. Passar despercebido significa ter se misturado ao molho, ter sido assimilado a ponto de não ser distinguível. Não devemos almejar levar vidas indistinguíveis, mas, sim, agradecer pela riqueza de cada fragmento que se destaca e nos confere nosso próprio sabor.

Ruminando sobre isso, terminei de guardar as compras e subi para pôr lençóis limpos na cama do quarto de hóspedes, porque minha irmã ia se hospedar na minha casa.

11. Como ser irmã

Jamais se pretendeu que a etiqueta fosse um conjunto rígido de regras. Ela é, sim, um código de comportamento baseado na consideração, na gentileza e no altruísmo.

— "Sobre boas maneiras", GUIA DE ETIQUETA DE EMILY POST

Estamos em pé juntas, nuas, nossos dedões dos pés infantis contraídos no chão frio de linóleo do banheiro. Caubóis e índios sobem e descem no papel de parede em direção ao basculante, atirando nas cabeças uns dos outros no meio de um deserto de cactos. Tenho três anos e estou tremendo de frio. Você tem seis e está calada. Cruzo os braços no peito enquanto, paradas ao lado da banheira, aguardamos. Me equilibro sobre os dedões. Frio. Frio. Frio. Você só fica ali, sem dizer coisa alguma, os braços estendidos ao longo do corpo, impassível.

Ann entra no banheiro. Ann, a Bela. Nossa irmã mais velha já tem quase nove anos, é uma celebridade no meu pequeno universo. Eu a amo tanto que chega a doer. É uma pena que ela me odeie. Que ela odeie a nós duas. Por sermos bebês, por não sermos capazes de fazer nada, nem ao menos abrir as malditas torneiras sozinhas. No entanto, não me incomoda o fato de ela me tratar com o desprezo da filha mais velha, que carrega o fardo dos quatro irmãos menores. Eu a amo mais ainda por ela ser superior.

Reclamando sozinha, ela abre com força as torneiras, gira nos calcanhares e depois volta irritada, tendo sido repreendida por nossa mãe, que está no outro cômodo, ocupada com os meninos, por não verificar se a água não está quente demais para as pequenininhas. E que não se esqueça de fechar a torneira. Mais resmungos. Mais irritação. A porta bate, e ela some.
    O vapor da água embaça o espelho atrás de nós. Fico grata pelo ar aquecido. Me aproximo da banheira, tento entrar. Mas a banheira é alta para pernas curtas, e por um instante fico imóvel, grudada na porcelana fria. Então, consigo pôr um dedão, o pé, e entro. Você vai direto para o canto. Você é alta e desengonçada, como um macaco. Eu me sento na frente, mais perto da torneira. Que maravilha de água quente! Estendo as mãos para pô-las sob o riacho que corre da torneira, com as palmas para cima, numa oração de agradecimento. Você se senta no fundo porque posso obrigá-la a fazer isso. Embora seja mais velha, você faz isso porque mando. Como depois, quando mando você sair e se sentar do outro lado da banheira para que eu possa me deitar e deixar o cabelo flutuar, como Ann costuma fazer. Quando nós três tomamos banho juntas, Ann nos obriga a sair da água e esperarmos, mortas de frio, enquanto ela se deita na banheira. O cabelo louro na água me lembra algas. Ela é uma sereia. Fecha os olhos e eu imagino a Bela Adormecida. Aí seus olhos se abrem. "Parem de me tocar!", ordena, embora não tenhamos tocado nela. "Bom, então parem de ficar me olhando!"
    Você nunca quer se deitar na banheira. Pelo menos nunca me diz que quer. Você nunca me diz nada. Nem uma palavra.
    Mando você entrar na banheira de novo, e você entra. Passamos o sabonete de uma para a outra; compartilhamos uma esponja de banho gasta, como sempre fazemos, você e eu. Somos as meninas mais novas, duas de cinco irmãos, emboladas nesse ritual noturno como em tantas outras coisas. Mas essa noite é diferente das outras porque, em algum momento durante o banho, eu registro que tem algo de errado com você, que você é diferente de nós. Porque você é uma menina já grande, como Ann. Mas não consegue fazer nada, como eu. É alta o suficiente para alcançar as torneiras

e parece forte o suficiente para abri-las, mas não sabe como. Ou talvez saiba, mas nunca vi você tentar. Não questiono nada disso, nem julgo. Simplesmente registro. Você é diferente.

A ideia seguinte vem tão próxima da anterior que parece a mesma coisa: porque você é diferente, sou diferente também. Sei lá por quê, mas meu cérebro chega a tal conclusão, e ela permanece para sempre comigo. Minha irmã é diferente porque ela é autista, e eu sou diferente também.

Deram a você o rótulo de "autista" aos três anos. Eu ainda estava na barriga da nossa mãe quando ela levou você à Universidade de Washington em Seattle para semanas de exames. Terá sido por isso que cheguei mais cedo, tentando reivindicar o que pudesse da nossa infância apinhada? Logo você começou a se tratar com um fonoaudiólogo, levada de barca pela nossa mãe para a Universidade de Eastern Washington cinco dias por semana, durante dois anos. Eu esperava em casa por vocês duas, na companhia da nossa avó.

De que mais me lembro desse período? Não muita coisa. O cheiro de sabonete no pescoço da vovó quando ela me segurava no colo, seu hálito de café. Os alfinetes de fralda que ela usava como insígnia no moletom, sobre o coração. Mais tarde, quando já sou mais velha, ela me conta que tentei fazer você participar, dizendo "Vem, querida". Que pegava a sua mão para incluir você em qualquer brincadeira nossa. Mas, acima de tudo, não consigo separar você da unidade que éramos antes de entrar na escola. Éramos uma coisa só, nós cinco. Você se destacava do resto quando gritava e gritava sem parar. Ou quando desaparecia por conta própria e tínhamos que procurá-la. O pânico na voz da nossa mãe quando ela chamava seu nome no matagal escuro ou na rua vazia ao anoitecer me enchia de medo.

Mas, quando fomos para a escola, o segredo veio à tona. Você era a minha irmã mais velha esquisita. Minha primeira e última festa de aniversário na infância foi uma lição dolorosa sobre como os outros veriam você. As minhas colegas da segunda série entraram em bando na cozinha para a festa, que consistia num bolo feito pela mamãe e balões de gás presos no teto acima da mesa. Mamãe não programara nenhuma brincadeira, ao contrário do que sempre faziam as outras mães. Talvez não tenha pensado nisso ou talvez não lhe sobrasse tempo. Seja como for, não havia coisa alguma para desviar a atenção das minhas amigas de você — sentada na mesa sozinha, com um olhar vago. A maioria das minhas colegas não a conhecia, porque você frequentava uma turma de educação especial numa escola pública. Nós estudávamos numa escola católica no final da rua, e minhas colegas conheciam nossos irmãos e Ann. Mas lá estava você, a grande surpresa do aniversário.

Você não olhou para nenhuma delas quando mamãe lhes disse para se sentarem. Ninguém se mexeu. Eu estava habituada ao seu olhar vago e ao seu silêncio, mas as expressões das outras meninas me chocaram. Elas ficaram com medo de você. Ninguém quis se sentar ao seu lado. Nem mesmo Daria, alta e desengonçada, que sempre merecia um carinho extra meu por me fazer lembrar você.

Senti uma ardência no coração, um misto de vergonha, raiva e culpa. Fugi da cozinha e comecei a tentar montar uma caça ao tesouro improvisada. Precisava tornar minha festa mais atraente para que elas parassem de olhar para você daquele jeito. No nosso porão escuro e lotado, recolhi uma pilha de brinquedos pequenos, achando que poderia escondê-los pela casa, e depois elaborei uma lista de pistas enquanto todo mundo comia bolo. Eu iria conseguir se corresse contra o tempo. Tiffany Greco montara uma caça ao tesouro na festa dela no mês anterior. Foi só o que me veio à cabeça. Porém, Mike viu o que eu estava fazendo, e começamos a brigar por causa de uma marionete do Garibaldo, o favorito do meu irmão. Ele chutou minha barriga e passei o resto da tarde trancada no banheiro.

Você percebeu alguma dessas coisas? Ficou feliz quando todo mundo foi embora e você pôde voltar para os seus discos? Sentiu agonia por ver tantas desconhecidas na sua casa?

Na escola, naquele ano, descobrimos a Catedral de Lourdes, na França. Diziam que a água benta de lá fazia milagres, curava doenças. Os cegos passavam a enxergar, os aleijados, a andar. Era uma bênção milagrosa da mãe de Jesus, Maria. Comecei a economizar meu dinheiro, achando que, se pudesse ir até lá e trazer um pouco de água benta, você ficaria curada.

O sorriso da nossa avó foi triste quando ela me disse que não funcionaria. "Continue a rezar pela sua irmã em vez disso", falou. Magia engarrafada me parecia uma ideia bem melhor, mas apenas vinte anos depois consegui ir à França. Eu rezava toda noite para que você acordasse um dia e estivesse normal. Tchan-tchan! "Era só brincadeirinha", você diria.

O ensino fundamental foi uma época de estampa xadrez. Durante várias estações, quatro de nós íamos e vínhamos em nossos uniformes da escola católica e meias soquetes, nossos cardigãs vermelhos, rijos na manga, usada para enxugar o nariz. O ano era um ciclo de dias santos, boletins e recesso de Natal. Você usava roupas comuns, pegava o ônibus escolar na esquina. Mamãe o esperava com você toda manhã, segurando sua mão até o ônibus chegar e você entrar nele.

Quando visitava a sua turma, eu tinha a impressão de que era mais divertida que a minha — mesinhas e cadeirinhas em lugar de carteiras, brinquedos coloridos. Um dos seus colegas, um menino mais velho, me pegou no colo e me jogou para cima, rindo. Para mim era um gigante, e, quando me devolveu ao chão, fiquei olhando para a cara risonha dele. Na sua escola, havia um playground equipado. O cheiro da madeira escura e a sensação do metal frio do trepa-trepa sob as minhas mãos me dera inveja. Tínhamos espirobol, futebol de quatro quadrados, kickball e mais nada. Jamais me ocorreu que você não podia sair correndo para lá e brincar todo dia no recreio como eu faria no seu lugar.

Em 1975, nós duas pegamos peste bubônica (falo sério) junto com centenas de outras crianças da cidade. Meu quarto de hospital lotado ficava bem em frente ao seu, mas senti muita saudade sua, porque não podia vê-la. Acordei um dia com você sentada no chão ao lado da minha cama, os joelhos erguidos sob a camisola e os tornozelos trançados, olhando para o chão. Você foi me procurar? Mais tarde, quando acordei de novo, você tinha sumido. Eu estava muito solitária, mas a enfermeira zangada não vinha, e eu fiz cocô na calça. A enfermeira boazinha chegou depois e me limpou, mas eu só queria estar de volta em casa com você e Ann no nosso quarto apinhado e bagunçado.

O verão era uma época resplandecente no nosso ano, um retalho ensolarado a que dávamos as boas-vindas descalças na beira do lago. Desde o início da primavera até o feriado do Labor Day, ficávamos no lago, e a casa se enchia com as nossas gargalhadas, com os resíduos da praia que levávamos nos pés, com o som da água à noite. Os dias eram de idas e vindas, aventuras no mato, mergulhos do ancoradouro em frios lençóis de água, almoço em trajes de banho e toalhas, leituras intermináveis à tarde, jantares com uma dezena ou mais de pessoas amontoadas ao redor da mesa.
Você se entrosava em toda essa comoção, a menos que algo a perturbasse. Então nossa sirene de incêndio esvaziava a casa. Felizmente para nós, não tínhamos muitos vizinhos lá, então ninguém chamava a polícia.
Mas também havia uma época em que a casa do lago ficava silenciosa. A calmaria era uma espécie de folga da movimentação humana que era a habitual mistura de amigos e parentes no verão. Os dias não tinham nomes, porque eram todos compridos e ensolarados, mas podia ser uma manhã de quinta-feira como hoje. Acordo sozinha no meu quarto sombreado por uma árvore, despertada do sono pelo som de um barco que passa, pela algazarra furiosa de um esquilo no mato atrás da casa ou pelo silêncio suave da casa sem movimento. Fico deitada na minha cama enorme de cem anos de idade, inspirando o cheiro velho e agradável de orvalho, admirando a luz do sol acariciar as paredes de madeira pintada e realçar as cores vibrantes do tapete oriental gasto. Como tudo o mais deixado pelos proprietários anteriores, a porcelana pintada à mão, os móveis e objetos de arte, a casa havia sido imponente um dia, mas agora estava desgastada pelo tempo e pelo uso descuidado de uma família de sete pessoas. Vivíamos o nosso presente no meio dos resquícios maltratados do passado de outra pessoa.

Levanto descalça e de camisola em meu quarto no início do corredor, e as outras portas estão fechadas. Posso ouvir meu pai roncando no quarto de casal, no outro extremo. Passo pelo cômodo sem fazer barulho. Dá para ver você lá, sem se mexer, quietinha. Que milagre! Assim que você se levanta, começa o barulho e o movimento. Pés correndo, portas batendo, o som ligado e tocando um disco depois do outro, o dia todo, até escurecer e sermos mandados para a cama. Roger Whittaker. Victory at Sea. The Osmonds. Esses eram os dias bons.

Nos dias ruins havia sua gritaria, sua raiva e seu medo inconsolável. A casa ficava elétrica com a ansiedade coletiva, e eu nada podia fazer. Melhor deixar você dormir o máximo de tempo possível.

Descendo a escada em espiral, passando pelas portas de correr no térreo, entro no grande salão aberto. Saio para os degraus engolfados pelo sol; a casa sempre foi banhada pelo sol nascente. Uma brisa suave acaricia meu rosto. Quinta-feira de manhã. Não há barcos, não há gente, não há jet-skis, que surgiram mais tarde, não há balsas. Eu, um gato, a brisa, o lago, os pássaros e sem você — que dorme.

Temos uma foto sua tirada em 1974, aos sete anos. Você tinha subido numa barcaça cheia de pedra no extremo da praia e se aboletado no assento do trator, com as mãos enfiadas no colete salva-vidas. O cabelo era um ninho de rato, você arrancara a casquinha de um machucado no rosto, que ficou sujo de sangue. Está olhando para a câmera, mas sem ver quem a segura. Essa foto sempre fez com que eu me sentisse muito solitária. Nunca entendi por que você quis se sentar sozinha no assento de metal frio do trator. Eu não captava o que havia de errado com você. Jamais a conheci de outro jeito, e por isso nunca questionei esse fato. Você foi uma criança estranha, mas nunca a considerei estranha. Era você e pronto. Quando os amigos iam à nossa casa e a viam deitada de costas no meio da sala girando uma almofada laranja no ar, a cena devia ser bizarra. Gira, gira, gira e pop! Você chutava para o alto a almofada e a aparava com os tornozelos esbeltos sem deixar cair.

Jamais. Eles paravam e ficavam olhando. "Essa é a Margaret", eu dizia, me aproximando de você.

O que fazíamos naqueles gloriosos dias vazios de verão? Finais de semana de abril a setembro, feriados, períodos de dez dias durante quinze anos, até arrumarmos empregos e você ficar sozinha com papai e mamãe. Mas, enquanto os tivemos, foram centenas de dias assim. Sem obrigações, sem escola, sem aulas, sem estrada, sem carro. Só livros, música, o mato atrás da casa e a trilha desbotada deixada pelo cervo invisível. Sentávamos na areia, enterrávamos nossos dedões nela, nadávamos na água fria e escorregadia. Na adolescência, passávamos horas no ancoradouro comprido, ouvindo música, nossos corpos untados de óleo de bebê cintilando ao sol. Nossa mãe chamava da varanda, perguntando se tínhamos passado filtro solar. Sim — mentíamos.

Mas por onde você andava? Às vezes conosco, raramente por vontade própria. Em geral você preferia ficar sozinha, ouvindo discos. Ou mamãe convencia você a passear no barco a remo. À noite jogávamos cartas, jogos de tabuleiro e líamos mais um pouco. Você ouvia música. Íamos dormir cedo. Parece tão sem graça, mas, mesmo com muito pouca idade para apreciar tal rotina, nós adorávamos. Acho que essa centena de dias vazios nos dava um espaço para contemplação e repouso que nos ajudava depois. Talvez se as coisas fossem diferentes, todos nós tivéssemos sido artistas, escritores e músicos. Ao que tudo indica, a quietude ao menos nos ajudou a equilibrar o caos e a violência em nossas vidas, nos deu um poço onde cair quando havia gritaria demais. Como pular do ancoradouro e mergulhar fundo no lago, caindo tranquilamente entre as algas silenciosas e ondulantes.

Eu adoraria ter de volta um desses dias. Só um. Vinte e quatro horas no total, incluindo lânguidas horas diurnas, não muito quentes, que se alongassem como uma gata alegremente se aquecendo nos degraus de azulejo. Eu adoraria ter as horas inchadas de sol e cheias de brisa, com andorinhas voando e o aroma de pinheiros e lilases. O crepúsculo, os pios dos morcegos, a escuridão e o som das ondas lambendo a areia. A voz da nossa mãe antes de adormecermos, dizendo "Ouçam a água batendo na areia..." Eu abriria mão das interrupções noturnas, das batidas de porta, da sua risada e do rangido das molas do colchão quando você voltava para o seu quarto, com o papai furioso e a mamãe intercedendo incessantemente.

Eu guardaria esse dia num pote sobre a minha escrivaninha de modo a poder tirá-lo dali e recordar. Botar minha mão lá dentro e girá-lo para poder me sentir novamente daquele jeito. Pô-lo em meu bolso e tocá-lo a toda hora enquanto andasse pelas ruas do meu bairro no Oregon. Me lembrar de como era ser jovem, inconsciente, apaixonada pela manhã. E esperar você acordar.

Comecei cedo a contar mentiras. Quase antes de ter lembranças. Uma inverdade: foi o Louie. Minha mãe pergunta quem deixou marcas de dentes em seu braço. Ela levanta a manga da sua camisola de flanela para mostrar o círculo vermelho, nitidamente a marca da minha boca aos três anos de idade, mas culpo o velho dachshund que está sentado piscando para mim. Eu precisava calar você. Não funcionou, meus dentes no seu braço só fizeram você gritar mais alto, mas o problema sobrou para mim. Mais tarde, quando o outro cão me morder no rosto, vou considerar como um acerto de contas.

Sempre achei que precisava calar você. Por que você não cala a boca? Você balança e uiva durante horas, grita e dá socos. Não é capaz de nos dizer o que quer. Talvez seja um pequeno pedaço de plástico que você guardou dias a fio e deixou cair em algum lugar. Talvez sua pele doa ou o barulho a incomode. Nunca saberemos. E jamais seremos capazes de fazer mais do que esperar que passe.

No lago você grita sem parar, nenhum de nós pode ir embora, porque não há estradas, nem vizinhos, nem maneira de fazer você se calar. Papai está furioso de novo. Por que você não cala a boca? Estou zangada, com medo e impotente. Por alguns minutos, odeio você. Imagino como seria gratificante lhe dar um soco no estômago. Imagino a expressão em seu rosto depois que meu pequeno punho cerrado a atingir ali. E faço isso. E você se espanta, sem fôlego, e quando o recupera grita ainda mais alto. Então, me odeio mais do que jamais odiei você.

Muito tempo depois, você me visita em Seattle com mamãe. Estamos no Coastel Kitchen e você não para de rir, jogando água na minha cara por cima da mesa. Eu queria que mamãe me visitasse, e mamãe levou você a tiracolo, e agora você está estragando tudo. Sei, antes de chutar você, como vai doer quando meu sapato pesado bater na sua canela delicada. Mas chuto assim mesmo. Agora seu riso vira uivo. E a minha própria natureza me enoja. Faz quase quinze anos e ainda posso ver você, de boca aberta e soluçando enquanto aperta a canela. Que tipo de irmã sou eu?

Você me empurrou, me beliscou, me espancou, me estapeou a cabeça, puxou meu cabelo, agarrou meu pescoço e me chutou durante décadas. Uns dois anos atrás, meteu o joelho no meu rosto quando me agachei ao lado da sua cadeira tentando acalmá-la. Caí e bati a cabeça no chão de ladrilho do pátio.

Mas tudo era diferente quando vinha de mim. Você era incapaz de se controlar. Às vezes era uma tentativa de ser engraçada. Em outras, você queria tirar a mim e a todos do seu caminho enquanto lidava com alguma ansiedade sem nome; a última coisa de que precisava era alguém grudado em você.

A luta física deixa marcas. É uma intimidade violenta que carregamos na nossa história. Ainda consigo sentir a dor no pescoço. A tatuagem vermelha dos meus dentes no seu braço. Sua barriga, meu rosto. Sua canela, meu coração. Quero cicatrizar essa história e substituí-la por outra mais amena.

Esse é o desafio, então, o desejo de tornar diferente do passado qualquer que seja o futuro que teremos como família. Seu transtorno — o autismo — encheu de tristeza a minha vida. Ele levou embora a irmã que eu poderia ter e a substituiu por você, trancada em si mesma. Às vezes, você se mostrava, acenando para mim por trás das grades, mas quase sempre era um combate. O autismo levou embora a família que poderíamos ter e a substituiu por sete indivíduos lutando, alienados uns dos outros pelo mesmo inimigo. Sempre achei que só precisava me esforçar mais: bastava me esforçar mais que eu encontraria a Margaret em algum lugar aí dentro. Se me esforçasse mais, nos daríamos bem e seríamos felizes. Só não estou sendo paciente o bastante, inteligente o bastante, esforçada o bastante. Sou impelida adiante na falsa esperança de que você há de melhorar um dia. Sabe-se lá como, haverá uma melhora mensurável se eu continuar tentando. Ser uma irmã melhor. Que ajude a própria irmã. Tome conta dela. Você não está se esforçando como deveria.

Outro dia mesmo, você estava sentada no meu sofá aqui no Oregon, ouvindo o álbum *Wildwood* de June Carter Cash pela quinta vez seguida. Estava calma, acariciando uma almofada para marcar o ritmo da música, com a cabeça inclinada para o lado, olhando para o teto. Meu cachorro adormecera com a cabeça em seu colo. Olhei para você e pensei: *É isso. Essa é você, e aqui estou eu. É o que nós temos. E terá que bastar, porque isso é tudo.*

Eu sempre quis acreditar que havia alguma mágica na sua deficiência, algum significado profundo para a barreira que a separa de nós, como o vidro opaco, ondulado, na porta do diretor da escola. Durante anos, me agarrei à noção de que esse obstáculo e as minhas constantes e infrutíferas tentativas de superá-lo conferiam mais importância às nossas vidas, conferiam ao nosso sofrimento uma dimensão espiritual. Eu aguardava o final Disney, quando a Virgem de Lourdes desceria do vitral da igreja, abençoaria você com água benta e a declararia curada.

Então, um dia me dei conta de estar totalmente errada quanto a tudo isso. Seu autismo não era nada de especial. Assim como o caos em que ele mergulhou a nossa família. Era a vida apenas. Tivemos menos sorte que alguns, mais sorte que outros. Nada havia a esperar. Isso era tudo.

Levando-se em conta todo o tempo que passei apegada a essa outra bandeira, me rendi com uma facilidade surpreendente, atirei-a longe como um jornal velho, lavei as mãos e fui em frente. No meu caso, ir em frente significou reivindicar a minha própria vida, a vida que eu deixara em suspenso durante muitos anos enquanto aguardava o grand finale. Passei anos me preocupando com o que esperavam que eu fizesse para salvar você, sem perceber que não havia nada que eu pudesse fazer. Mantive um canto da minha mente tão preso às preocupações que acreditava estar fazendo algo importante, mas não passava de estática. Eu não fazia de fato coisa alguma por você. Apenas desperdiçava tempo — a minha vida, a sua — me preocupando.

Tive que encarar o fato de que, o que quer que eu viesse a ser, se deveria a mim e a mais ninguém. Meus interesses, meus talentos e propensões finalmente reivindicaram a minha vida e começaram a infundir sentido aos meus dias e meus anos. Precisei descobrir meus desejos e motivações a fim de fabricar minha própria bússola, substituindo o que existira antes — um sentido vazio de obrigação — pela realidade cotidiana da minha vida comum. Acho que, se eu confiar em mim mesma e não tiver pressa, a tendência será escolher a direção certa, e não pareço continuar querendo disparar por três caminhos ao mesmo tempo.

E aí está você. Agora que não preciso mais passar aquele tempo todo me preocupando com você, comecei a vê-la com mais clareza. Eis a nossa história — a sua vida, a minha vida e os padrões entrelaçados do nosso passado comum, com suas alegrias e tristezas. Mas, sobretudo, existe você — muito viva e no presente. Você é uma mulher de carne e osso, que também tenta abrir o próprio caminho no mundo. Ficou claro que essa oportunidade existe, esse novo objetivo. Depois de todo esse tempo, tenho o desafio estranho e simples de tentar aprender como ser sua irmã.

Estamos juntas no carro. Tenho 35 anos e estou dirigindo. Você tem 39 e está calada. Viajamos a toda velocidade pelo Desfiladeiro do Rio Columbia em direção à sua casa no leste de Washington. Estamos ouvindo rock clássico, porque essa é a única rádio que pega nessa autoestrada no fundo do cânion de basalto que separa Washington do Oregon. Temos água de um lado, penhascos do outro e vamos em direção ao leste.

Você batuca de leve no joelho com o punho fechado. Olho para você, minha irmã mais velha, o cabelo castanho curto, da mesmíssima cor do meu. À medida que fui envelhecendo, meus olhos castanhos clarearam e agora são quase cor de mel, como os seus.

Não podemos oferecer muito uma à outra. Eu sempre quis tornar sua vida melhor, mas não sei sequer se isso é possível. Não faço ideia do que você faria por mim ou até mesmo se você é capaz dessa avaliação. Mas sei, ao menos, que você quis me visitar, que quis ficar, que está feliz, agora, de me deixar levá-la de volta para casa. Meu coração está cheio de tudo que não posso lhe dizer, porque você não entenderia, porque você sem dúvida prefere que esta viagem seja silenciosa. Ainda assim, vejo você aqui.

— Oi, Margaret — digo.

Você olha para mim:

— Oi, Eileen.

Ficamos caladas de novo. Vejo, pelo para-brisa, as listras brancas da estrada ficarem para trás.

— Oi, Eileen — você repete.

— Oi, Marge.

Estou atenta. Pergunto-me o que você estará pensando, por onde anda a sua mente quando você encosta a cabeça no vidro e contempla a faixa branca na lateral da estrada conforme o carro avança.

— Oi — você diz.

Olho para você. Você aponta para o rádio.

— É o Aerosmith, Eileen.

Isso me faz rir.

O que diria Steven Tyler? Você não pode me telefonar ou me dizer que me ama. Não pode sequer me dizer o que fez na semana passada, mas reconhece o Aerosmith em qualquer lugar.

— Isso mesmo, é o Aerosmith, Marge — respondo.

— É o Aerosmith.

— Sim, é o Aerosmith.

— Você está ouvindo o Aerosmith, Eileen.

— Sim, Margaret. Estamos ouvindo o Aerosmith.

Passamos essa informação de lá para cá entre nós como um símbolo. É uma moeda do tesouro, uma bolha de sabão refletindo todas as cores do arco-íris. E, juntas, nós a mantemos no ar.

Lembrarei desse momento nos anos vindouros quando estivermos passando por um período difícil ocasionado por um dos seus surtos. Quando você não quiser falar comigo ou quando quiser voltar mais cedo para casa, mesmo depois de eu ter dirigido quase quinhentos quilômetros para nos encontrarmos.

Lembrarei dele quando você estiver tranquila e feliz, quando estender o braço para pegar minha mão a caminho de casa, quando se sentar ao meu lado num bar ouvindo uma banda de blues, quando me der boa-noite lá do quarto de hóspedes da minha casa.

Vou sentir reverberar a nossa felicidade frágil, adquirida a duras penas, numa sensação sonora do laço inquestionável que nos une. É tênue a fronteira entre a esperança e a mudança. Me apego a essa ideia e procuro acreditar que isso possa se estender a tudo mais na minha vida.

Você tornou a minha vida indescritivelmente distinta do que eu um dia imaginei. Posso ter desistido de esperar muito de você e sei que tudo corre o risco de desmoronar a qualquer instante. Mas agora entendo que você se esforça para me acolher na sua vida, assim como estou criando um lugar para você na minha. Às vezes, consigo simplesmente absorver o que há de bom aqui: o mero fato de estarmos sentadas uma ao lado da outra, partilhando o mesmo momento.

No outono passado, durante a sua visita, subimos uma escadaria íngreme que liga o centro da cidade ao meu bairro e nós duas chegamos resfolegantes ao topo. Quando atingimos a parte plana, você estendeu o braço, entrelaçou seus dedos finos nos meus e me perguntou se íamos jantar. Assegurei a você que sim.

Você pareceu preocupada, seus olhos procuraram os meus. Sei que o seu único desejo era saber o que viria a seguir. Meu desejo também é esse.

Fontes

Livros sobre irmãos e famílias

FEATHERSTONE, Helen. *A Difference in the Family: Living with a Disabled Child*. Nova York: Penguin Books, 1982.

HARRIS, Sandra L. e GLASBERG, Beth. *Siblings of Children with Autism: A Guide for Families*. Bethesda: Woodbine House, 2003.

SAFER, Jeanne. *The Normal One: Life with a Difficult or Damaged Sibling*. Nova York: Bantam, 2002.

STROHM, Kate. *Being the Other One: Growing up with a Brother or Sister Who Has Special Needs*. Boston: Shambhala Publications, 2005.

Livros escritos por irmãos

DOUGAN, Terrel Harris. *That Went Well: Adventures in Caring for My Sister*. Nova York: Hyperion, 2009.

GREENFELD, Karl Taro. *Sinto-me só*. São Paulo: Planeta, 2009.

KARASIK, Paul e Judy. *The Ride Together: A Brother and Sister's Memoir of Autism in the Family*. Nova York: Washington Square Press, 2002.

SIMON, Rachel. *Riding the Bus with My Sister: A True Life Journey*. Nova York: Houghton Mifflin Company, 2002.

Livros escritos por adultos autistas

GRANDIN, Temple. *Thinking in Pictures and Other Reports from My Life with Autism*. Nova York: Doubleday, 1995.

GRANDIN, Temple e SCARIANO, Margaret. *Uma menina estranha: Autobiografia de uma autista*. São Paulo: Seguinte, 1999.

NAZEER, Kamran. *Send in the Idiots: Stories from the Other Side of Autism*. Londres: Bloomsbury, 2006.

WILLIAMS, Donna. *Meu mundo misterioso: testemunho excepcional de uma jovem autista*. Brasilia: Thesaurus, 2012.

Livros escritos por pais

PARK, Clara Claiborne. *Exiting Nirvana: A Daughter's Life with Autism*. Boston: Little, Brown & Co., 2001.

_____, Clara Claiborne. *The Siege: A Family's Journey Into the World of an Autistic Child*. Nova York: Back Bay Books, 1995.

MAURICE, Catherine. *Let Me Hear Your Voice: A Family's Triumph over Autism*. Nova York: Ballantine Books, 1993.

SENATOR, Susan. *Making Peace with Autism: One Family's Story of Struggle, Discovery, and Unexpected Gifts*. Boston: Trumpeter, 2006.

Filmes

Autismo: O Musical, 2007
Sei Que Vou Te Amar, 2008
As Chaves de Casa, 2004
Rain Man, 1988
Gilbert Grape: Aprendiz de Sonhador, 1993

Agradecimentos

Este livro não poderia ter sido escrito sem a ajuda e o incentivo de muitas pessoas especiais que por sorte tenho na minha vida. Eu gostaria de expressar profunda gratidão a: Anne Bartlett Blair, minha generosa e gentil primeira leitora; Larry Garvin, por ser o filtro familiar e por fazer comentários inesperados e pertinentes sobre a escrita em si; Beth Award, que ouviu minhas histórias durante anos e de cuja amizade não posso prescindir; Steve Zaro, amigo leal e sábio, que sempre me aponta a direção certa; as Irmãs Sol, que me inspiram a ser a pessoa que elas acham que sou; minha família, Lawrence Garvin, Patricia Garvin, Mike Garvin, Larry Garvin e Ann Modarelli, pelo amor e apoio; minha avó, Patricia Travis, por me dar livros para ler e me dizer que eu deveria ser escritora; Terrell Harris Dougan, irmão como eu e minha ponte para o mundo dos livros; Laura Yorke e Matthew Lore, por acreditarem nesta história; Brendan Ramey, pelo amor e o apoio inexauríveis; e Margaret Gavin, que me ensinou a ler o mundo.

Direção editorial
Daniele Cajueiro

Editora responsável
Ana Carla Sousa

Produção editorial
Adriana Torres
Carolina Rodrigues

Revisão de tradução
Carolina Leocadio

Prefácio e revisão técnica
Dr. Gustavo Ferreira

Revisão
Luiz Felipe Fonseca

Diagramação
Futura

Este livro foi impresso em 2019
para a Agir.